ROMEON
VERLAG

Zeitgemäße Bürgerkunde
1. Auflage, erschienen 8-2021

Umschlaggestaltung: Romeon Verlag
Text: SKEPPINE - SALBSCH
Layout: ROMEON Verlag

ISBN: 978-3-96229-231-7

www.romeon-verlag.de

Bibliografische Information der Deutschen Nationalbibliothek:
Die Deutsche Nationalbibliothek verzeichnet diese Publikation in der Deutschen Nationalbibliografie; detaillierte bibliografische Daten sind im Internet über *http://dnb.dnb.de* abrufbar.

SKEPPINE - SALBSCH

Zeitgemäße Bürgerkunde

aus der Fibel des Lebens

Wollen Sie ein vollwertiger
Staatsbürgerunserer Republik sein?

Dann kommen Sie an
Zeitgemäßer Bürgerkunde
nicht vorbei!

Humanitäres Leben
als polis-kommunale
StaatsBÜRGERKUNDE
in essayistischer Skizzenform

Chronologisches Geschehen in Kurzform aufgezeichnet

Dabei bedeuten 2016 - 07 das Jahr und die Woche; die Buchstaben A, B, C, D, verweisen auf Kapitel in „Ein Chamäleon“. Für die BÜRGERKUNDE wurde in der Hauptsache das Kapitel C verwendet.

Anführungszeichen: „ ... “ für: in Frage stellen oder bezeichnen

‚ ...‘ für: hervorheben

17 - 00 - **A**/- C ***SKEPPINE*** – als *sprachkulturenartige Ethik in polis-politischer Integration der Nationen Europas*

Ein *SKEPPINE* zu sein, ist aus einer Jahrhunderte dauernden Wissensgestaltung und -erfahrung entstanden. Schenken wir diesen Jahrhunderten die gebührende Beachtung? Zu unserer aller Vorteil – angesichts des gemeinsam erworbenen Schatzes einmaliger kultureller Lebenserfahrung und Lebensbewältigung.

> Man kann doch nicht so töricht sein und diese gesammelten *Schätze, die* unsere *Generationen* reich gemacht haben, einfach über Bord werfen.
>
> Kein *Besitz* kann uns helfen, diese Reichtümer aus dem Fundus jedes *einzelnen Individuums* zu tilgen.
>
> Es ist der Besitz eines *kulturellen Bestandes*, den es zu bewahren gilt.

Anregungen hierzu kann ich nur mit auf den Weg geben. Mehr ist aufgrund meines Alters nicht möglich. Also macht das Beste daraus! Ihr seid die Erben und tragt die „Palme" ein Stück des Weges weiter.

17 - 04 - **B** Im *21.* ***Jahrhundert*** wird es immer wichtiger sein, seinen Wurzeln gerecht zu werden und Geschichte nicht außer Acht zu lassen.

Im *europäischen Kontext* heißt das, sich seiner Herkunft, seiner ethischen und ethnischen Geschichte, seiner Besinnung auf stammes- und bodenmäßiger Bedürftigkeit zu versichern und fremde, entfremdende, meist aufgezwungene Besonderheiten zu eliminieren. Außerdem seine eigene ALGE [Autogenerierte Lebensgestaltung Emanzipation] zu suchen und zu verinnerlichen.

Nichts *Entfremdendes* soll meiner Seele, meinem Körper widerfahren. Ich will nur das sein, was ich aus *bodenständigem Erwachsensein* von Natur aus bin.

> Dies ist als eine Maxime zu praktischer Lebenskunst zu verstehen.

17 - 07 - **D** [ein *ethisches Essay*] Das ***frei autogenerierte WeltBild*** (fag W'BL) maximaler Lebensgestaltung emanzipierter Menschen. Und das *Göttliche allen Lebens* (GaL) im übernatürlichen Sinne, das nicht in den dogmatischen Bereich der Religiosität einfließt.

Göttlich ist alles, was eine *Seele* haben kann und nicht durch menschliches Zutun erreichbar ist und verfremdet werden kann.

Alles, was eine *Seele* haben kann, wie *Kreatur, Botanik sowie Gestein*, wo chemische, physikalisch-elektrolytische Vorgänge und Prozesse existieren, ist den *göttlichen Bereichen* zuzuordnen.

Wir Menschen können und dürfen nicht alles derart in Frage stellen, nur weil wir es (noch) nicht verstehen können.

Das *GaL* ist alles, was nicht in den dogmatisierten Bereich der Religiosität der Menschen fällt [Leitbild, als Ausnahme].

Das GaL ist die Grundlage einer zeitgemäßen Betrachtungsweise unseres geistigen Universums. Somit kann dieses als Grundlage einer neutralen, weltlichen und emanzipierten Sehweise in Betracht gezogen werden, ohne einer doktrinären Sichtweise Rechnung tragen zu müssen.

17 - 08 - **D** *LEGAWA*. ***Gestaltete Lebenskunde*** als Tätigkeit.

A) Eingangssprechtechnik – Rhetorik, Aneignung und Übung der Techniken des geistigen Arbeitens, auch Technik des Lernens.

B) Notwendigkeit der Selbstsorge, siehe Sokrates, Platon sowie Skepsis auch Seite 29, „Philosophie der Lebenskunst" von Wilhelm Schmid, Suhrkamp-Verlag.

Erste Stufe: Grundstudium eines Literaten mit dem Ziel, das gesamte Werk zu verinnerlichen, sodass man frei dozieren (sprechen) kann. Vielleicht wie Gustaf Gründgens als Schauspieler: Das Buch dreißigmal lesen, sodass jede Stelle einzeln zitiert werden kann.

Das ist die Aufgabe an die Dozenten der LEGAWA (LER/LEG). LEG: Lebenskunde, Ethikkunde, Glaubenskunde.

Zweite Stufe: In dieser erfolgt aber wieder die Loslösung, denn wenn ich schöpferisch-kreativ werden soll und muss, gehört die Loslösung unmittelbar dazu. Das literarische Werk ist nur noch als Nachschlagewerk zu benutzen.

Dritte Stufe: Die dritte Stufe ist letztlich die, in der mit eigenen Gedanken – aufgrund der vorherigen philosophischen Bildung – ein eigenes Gebäude errichtet wird. So entsteht eine *eigene Persönlichkeit*, mit der ich schließlich „hausieren" gehen kann.

Details der Vorlesungen: Es gilt nun, aufgrund der Kapitel und Unterkapitel sowie einzelner näher zu erörternden Themen, einzelne Stellungen zu beziehen und diese in einer Vorlesung zusammenzufassen.

> *Die Gesamtvorstellung* ist, ein Bachelor-Studium zu erarbeiten und ein „Weltkundefach" für jede Schulform zu kreieren, weil das Thema Weltbild immer das Gleiche ist, nur je nach Individuum verschieden gestaltet wird. Außerdem ist die Lehrform je nach Schul-Form zu gestalten, sodass der Solidargemeinschaft eines ganzen Bundeslandes Genugtuung und Anerkennung zuteilwerden können – sowohl für das Individuum als auch von der Gemeinschaft zurück zum Individuum.
> 🕐Die Geborgenheit in der Solidargemeinschaft, welche als soziales Netz dienen kann und somit meinem individuellem Leben einen Halt geben wird, ist von unschätzbarer Tragweite.

Kein Mitglied der Gesellschaft sollte sich der Ästhetik seiner individuellen Existenz entziehen. Aus diesem Grund bedürfen wir eines Leitbildes, wie es im W'BEL (WeltBild Emanzipierter Lebensgestaltung) gestaltet werden kann und sollte. Jedermann kann dies zu jeder Zeit seines Lebens tun, er sollte nur die Bereitschaft hierzu immer beibehalten.

17 - 43 - **C *[Essay zu Politreformen*]** *Politkultur*: Weg von der *konzern-politischen Einflussnahme* (Monopole haben keine Ethik!) durch *von Lobbyismus geprägte Machenschaften*, wie sie durch *Großspenden* und mit *Lobby-Ausweisen* als AbgeO-Beeinflussung einhergehen. Hin

zur ethisch-politischen Entscheidungs-Reform als Beeinflussung der Parlamentarier. Nicht globaler profaner Lobbyismus-Einflussnahme ist zu huldigen, sondern es gilt, eine langfristig machbare *Wegbeschreibung* in eigenen *Fachausschüssen* zu eruieren und zu suchen.

Einer *Einleitung zur Reform* der politischen Kultur ist zu folgen:

Fehlleistung von Subventionen. Wie bei Palmöl zu Biosprit hat auch das Subventionieren und Exportieren von Geflügelteilen ins angeblich mangelernährte Afrika zu unterbleiben. Daraus lässt sich im Entstehungsland sicher bequem Fleisch- und Knochenmehl erzeugen, was wiederum als Kraftfutter Verwendung finden kann.

Subventionen können entfallen. *Steuerzahlungen* können anderweitig besser investiert werden oder der Steuerzahler kann entlastet werden. Zu Politkultur: Lasst Platz für Jahrzehnte! Trefft Entscheidungen für Generationen, welche nicht in einigen Jahren wieder verworfen werden müssen, nur weil sie einem kurzfristigen Kalkül entsprungen waren.

17 - 43 - **A** [***Essay zu Kirchensteuer*** (2)] *Vollständige Trennung* von *Kirche und Staat*, das heißt, kein *Religionsunterricht* an staatlichen Schulen, kein *Einzug von kirchlichen Vereinsgeldern durch den Staat*! Und somit keine Auslieferung an den Gottesstaat, wie es unsere Obrigkeit in den letzten Jahren betreibt.

17 - 43 - **A** [***Essay zu MA-Lehen***, Umsetzung] Umsetzung binnen 30 Jahren ab dem *Kauf der Immobilie*. 1. bis 20. Jahr: je 3 %; 21. bis 30. Jahr: je 4 % des Ansatzes Lehen-Steuer (LeSt), Altbestände (30 Jahre und älter) wie vor, jüngere Bestände je nach Besitzdauer, Kaufpreisberücksichtigung und Verrechnung!

Jede *Gemeinde beziehungsweise Kommune* beschließt eigene Ansätze – je nach Lage der Grundstücke!

17 - 44 - **A** [**Essay zu Preisen**] *Bekämpfung der Inflation*! Nicht forcieren! Dafür in die Breite arbeiten. Die *Schere zwischen Arm und Reich* klafft immer mehr auseinander, anstatt sich zu *schließen*! *Aufräumarbeiten* sind angesagt, anstatt *beständiger Erweiterung*!

17 - 47 - **C** ***Essay zu Demokratie*** **>** ***Demostie,*** *[grch. Polis, als „Volks-Gemeinde"]* Wir sollten uns verabschieden von doktrinären, *dogmatischen Strukturen*, das heißt jedoch auch Aneignung von wissenschaftlichem und Erfahrungs-Wissen.

Ohne dass wir beständig bereit sind, unsere eigenen Maximen zurechtzurücken, kämen wir an unsere Grenzen und würden sie beständig überschreiten, was wiederum zu Ungerechtigkeiten gegenüber unserer Mitgesellschaft führen würde.

Nur wenn wir bereit sind, unser *eigenes Machtstreben* in Grenzen zu halten, können wir eine herrschende Gerechtigkeit in der Waage halten, welche unbedingt notwendig ist für die richtige Balance zwischen den Menschen, den Kulturen und unserer gesamten Umwelt!

Nur diese *innere Einsicht* kann uns davor bewahren, dass die Ungerechtigkeit auf unserem Planeten die Oberhand gewinnt.

Ein ständiges, nie endendes *Bemühen* ist erforderlich, um gerecht zu uns selbst und zu unseren Mitmenschen zu sein.

17 - 47 - **D** [***Essay zu Leitstruktur***] *Leitbilder* können einem den Weg weisen, sind gut und richtig, jedoch nur, wenn man bereit ist, sie beständig zu korrigieren. Denn wenn sie allerdings einer Mächtigkeit gehorchen und nicht mehr human sein können; wäre es meiner Ansicht nach deshalb besser, vom Weltbild zu sprechen, welches sowieso einer ständigen Überprüfung gehorchen sollte und einer ständigen Austauschbarkeit unterliegen.

18 - 02 **A-/-D *LEHRSATZ zur ÄSTHETIK der EXISTENZ*** von

ALLGEMEINHEIT	und	*STAAT*
Persönlicher EXISTENZ		Wirtschaftlicher EXISTENZ
PERSÖNLICHES ETHOS(unsichtbar)		WIRTSCHAFTLICHES ETHOS
Gesinnung des Handelns		Deflations-Beschluss-Moral-Ethos
autogen. Selbst- Freiheit Gesamt-W'BEL Sorge d. Glaubens ETHOS		[1][2][3] [4][5][6] [7][8][9][10][11][12] Siehe GSE, GrundSatzEntscheidungen

18 - 05 - **C *Humanitäre BEWEGUNG***: Humanitäre Lebensgemeinschaft, Demostie Kommunal steht für die parlamentarische Regierungsarbeit. Es gilt, die Abhängigkeit von der PLUTOKRATIE, der Geld(vor)herrschaft, zu verringern, das heißt für eine rechtlich übereinstimmende, gemeingütliche Verwaltung ‚aller Bürger' zu stimmen.

Gerechte, konforme, kommunale Verwaltung ALLER BÜRGER!

Warum Plutokratie unser Leben, unseren Globus so beeinflusst? Sie vernichtet Lebensraum für Getier und Mensch und verseucht unsere Lebensmittel!

12 *Millionen Hektar* (1 Hektar sind 10.000 m^2) Tropenwald, einschließlich Regenwald, wurden in den letzten Jahren unwiederbringlich vernichtet. *Stoppt die Rodung*! Dort fängt *Umweltschutz* an, nirgendwo sonst. Die *Renaturierung* ist die weitere Etappe, um *Klimaziele* zu erreichen.

Was dies für unsere Umwelt bedeutet? Die Wiedergutmachung, wenn sie denn stattfände, wäre dagegen Peanuts!

Unterstützen Sie unsere Bewegung ebenso wie Greenpeace (mit Vorbehalten) und abgeordneten-watch.de! Ovid schuf das Zitat: *In der Mitte wirst Du am sichersten gehen.*

Wir suchen also die Neue Mitte, aber wie können wir sie finden? Könnt Ihr Euch darum Gedanken machen? Wollen wir dafür einen „Neue Mitte Kreis" errichten?

18 - 12 - **A** [Wirtschafts***essay Inflationsraten]*** HuB mit GSE? Es ist, als ob Deutschland und Europa unsere Botschaft verstanden hätten, das heißt: rückläufige *Inflationsraten.*

Es wird sowieso eine Zeit geben, in der der Euro nicht mehr stark ist, sondern eine inflationäre Entwicklung durchläuft. Denn das zu viel gedruckte Geld wird Wirkung zeigen und inflationäre Tendenzen sichtbar machen oder erstarken, weil die Produktivität sich so erhöht, dass es weltweit erforderlich wird.

Man wird wieder zu einer „Gold"-gedeckten Währung zurückkehren können. So wie es bei den Kryptowährungen schon heute der Fall ist.

Utopien? *U*topie ist, das Kapital abzuschaffen.

A a) das Bargeld einzustellen, einzufrieren

B) freien Welthandel schaffen zu wollen

B-a) Dann müssten als Voraussetzung weltweit alle Staaten die gleiche politische Etablierung haben. Das ist die nächste Utopie!

B-b) Es werden nicht *alle Staaten* „demokratisch" geschweige denn ‚Demostien' sein. Die Ideologien und Königreiche oder „Sultanate" wird es immer geben – neben den Demokratien.

C) gleiche Löhne / Entlohnung auf allen Kontinenten zu schaffen, ist ebenso utopisch. > siehe deutsche Bundesländer – schon nicht durchführbar

D) ebenso gleiches Einkommen / Mindesteinkommen für jeden

FAZIT: Einzig Wettbewerbsvoraussetzungen können die unterschiedlichen Erzeugervoraussetzungen angleichen.

> Dazu gehört, Lobbyismus vollständig zu unterbinden.

> Eine Variante wäre eventuell, die Zölle dort, wo niedrige Entlohnungen herrschen, soweit anzugleichen, dass Wettbewerbe trotzdem stattfinden können.

>> Ebenso modernen Kolonialismus zu unterbinden, wo obiges helfen könnte!

Die Zolleinnahmen dürften jedoch nicht von Regimen unterschlagen werden, sondern sollten für die Verbesserung der Infrastruktur des Landes sowie für die „soziale Variante" der Bevölkerung eingesetzt werden, insbesondere zur Rentenabsicherung.

18 - 12 - **A** [Visionäres ***Essay zu Universum***] Zu Stephen Hawkings These der blauen und rötlichen Färbung der Ausdehnung des *Universums* stelle ich folgende These als Erweiterung dessen auf: Wenn das Universum noch in der Ausdehnung begriffen ist, müsste dann nicht unser Universum noch viel älter werden können? Beziehungsweise die Rückkehr, das heißt der Zusammenfall, spielte sich in umgekehrter Reihenfolge ab, und ginge in einem kurzem oder langen Knall vonstatten.

Sozusagen: Alles in der *schwarzen Materie* fällt zusammen. Oder die Ausdehnung setzt sich gar ins Unendliche fort?

Aber, was hat das dann mit den „Schwarzen Löchern" auf sich? Sind sie mit den Löchern des Schweizer Käses zu vergleichen? Ob die Menschheit je diese Frage des Universums endgültig wird beantworten können? Ich habe da so meine Zweifel. Viel wahrscheinlicher wird es sein, dass die Menschheit inzwischen ihr irdisches Dasein beendet haben dürfte, ohne jemals eine Antwort darauf gefunden zu haben.

Denn die Theorien von zeitlichen Vorgaben wie sie zurzeit kursieren – vier Milliarden Jahre vor und nach uns, wie Hawkings These von 14 Milliarden Jahren – sind aus menschlicher Sicht doch nur utopische Theorien.

> Ist der Mensch überhaupt das einzige intelligente Wesen, das in diesem Universum Bestand haben dürfte?

FAZIT: Wir können weiter „spinnen", was vor und nach unserer Existenz und der des gesamten Universums wohl gewesen ist und sein wird. Eines ist gewiss: Wir werden es <u>nie</u> ergründen.

18 - 12 - **C** [Essay] Was in dieser **Zeit** passiert, ist die *Fortsetzung* der *Dritte-Reich-Methoden*, nur in umgekehrter Reihenfolge. Die Geschassten der letzten Jahrhunderte gehen zum Gegenangriff über.

Nur: Ob sie eigentlich dazu berechtigt sind? Bleibt völlig offen. Als Verursacher der gesamten Misere haben sie eigentlich kein Recht, sondern im Gegenteil: Das Recht ist verwirkt.

Wo bleibt der gesamte Rechtsstaat, wenn es doch im Unrechtsstaat mündet?

> Man müsste sich eigentlich nur Orban/Ungarn anschließen und von dort aus ein neues Staatengebilde formieren. Nur er hat die Visionen, welche Europa sein Gesicht wiedergeben können.

FAZIT: Bleibt nur eins: Mit HDePINE(eu) zu Orban/H fahren/Visite!

18 - 12 - **A** [Wirtschaftsessay zu ***GSE*** (GrundSatzEntscheidungen)] Humanitäre Bewegung mit ***Grundsatzentscheidungen*** (GSE).

Man wird zu einer „Gold"-gedeckten Währung zurückkehren müssen, so wie es bei der Kryptowährung Petro schon der Fall ist. Die Kryptowährung ist aber keine Alternative. Sie sollte wegen des zu hohen Energiebedarfs und der Umweltschädigungen von allen Seiten bekämpft werden!

18 - 14 - **C** ***VOTEN***: *Abstimmungen in Gremien/Parlamenten* > Es darf und es kann nur ZWEI-DRITTEL- zu EIN-DRITTEL-VOTEN geben! ALLES ANDERE ist destabilisierend und menschenverachtend, denn es wird der Allgemeinheit nicht gerecht. Ganz gleich, wie die Masse entscheidet, zu ihren Gunsten oder Ungunsten. Dann geht

eben die Masse ihrem Untergang entgegen. > So wie in den 30er-Jahren, so auch heute. Aber es soll und darf ohne 2/3 zu 1/3 keine *„einfachen“ Mehrheiten geben*! Selbst wenn man meint, dass keine derartigen Mehrheiten zustande kommen können! Dann bleibt es eben wie es ist. Wir haben bis dato so gelebt, warum nicht noch länger?

Es gibt immer eine *Möglichkeit*. Man muss es nur sehen und einsehen können.

Es ist nur vollkommen absurd, sich von 0,3 % vorschreiben zu lassen, wie wir zu leben haben ...

Im Tier- und Pflanzenreich bestehen Ökosysteme, welche vollkommen intakt sind und sein können, wenn der Mensch nicht eingreift. Genauso wie auch im „Menschenreich“ intakte „Ökosysteme“ existieren, wenn nicht eine 0,3-prozentige Spezies von Menschen eingreifen und diese destabilisieren würde.

Seit der Industrialisierung ist dies in gesteigerter Intensität der Fall. Und der Mensch hat seinen eigenen Untergang geschaffen, lange bevor der biologische Untergang wird eintreten können.

18 - 16 - **C *Parlament*** > Eine *neutrale Parlamentarische-Regierungs-Form*, welche allen „Glaubens“-Richtungen Rechnung tragen kann: christlichen Richtungen, einem weltlichem UrGlauben und anderen. *Beendet anarchistische Zustände und Selbstjustiz.*

> Wandlung der Demokratie zur Demostie, der Parlamentarischen-Regierungs-Form <

18 - 17 - **A** [Essay zu ***Migranten/‘Rassen‘***] der HuB. Hätte ich nicht *Charles Darwin* und *Gregor Mendel* studiert, wäre mir entgangen, dass *‚Rassen‘* ihre ganz spezielle Bedeutung besitzen, die sich in einer jahrhundertelangen Kristallisation sozusagen „herausgemendelt“ hat! Und wieder zurück zu dem, was der Mensch gezüchtet hat.

Sie haben in der *Evolution der Erdgeschichte* und einer unabdingbaren Notwendigkeit in der Weiterführung der *genetischen Vielfalt*, sowie in der Hybridzüchtung von Wirtschaftszuchten ihren ungeheuren Wert.

Naturgesetze, welche auf jede Art von ‚Rassen' anzuwenden sind. Die Folgerung ist ein unbedingtes Muss, die Rassen unserer Evolution sowie der menschlichen Züchtungsvielfalt in Art und Reinrassigkeit unbedingt zu erhalten!

18 - 17 - **C *DEUTSCHLAND*** hat sich aufgegeben. Die deutsche Nation und *deutsches Nationalbewusstsein* sind von ideologisch Wahnsinnigen in den letzten Jahrhunderten zu Grabe getragen worden. Nicht nur während der Weimarer Republik, dieses Mal viel verheerender: Individuelles Gedankengut aus jahrhundertelangen Epochen wird ohne viel Aufhebens zu Grabe getragen. Proteste der letzten Jahrzehnte verhallten im Rausch einer Multi-Kulti-Rock-Gesellschaft.

Eine gesamte abendländische Allgemeinheit versinkt im Drogenrausch, in den Klammern der Ideologien.

Was soll da noch übrig bleiben?

18 - 17 - **C *Bundestagsvertretung*** sperrt sich gegen die Veröffentlichungen und begründet das mit „Vertrauensmissbrauch" bei öffentlichen Anstalten. Es ist jedoch Voraussetzung eines „Parteiengesetzes", zu informieren, welche Auftragslobbyisten verpflichtet sind.

Dem Finanzamt für Körperschaften ist der Bundesvertretung ja ebenfalls verpflichtet. Wirtschaftsunternehmen müssen über ihre finanziellen Verpflichtungen Rechenschaft ablegen und Politiker nicht? Das heißt Widerspruch! Im Gegensatz sind Parteien erst recht sowohl dem Finanzamt, als auch der Allgemeinheit gegenüber in der Pflicht, denn für die Allgemeinheit werden sie ja tätig!

Die großen Organisationen und Parteien, billigen den Untergeordneten und allen anderen, wie der Allgemeinheit und dem Bürger, nicht das Recht zu, über ihre „Machenschaften“ Kenntnis zu erlangen. > Vor der Wahl <, das heißt: ständige Veröffentlichungen aller Parlamentarier und ihrer Finanzen ist gefordert, sonst stellt sich die Frage überhaupt nicht, ob BGB, Verfassungsrecht und das Recht der Bürger für alle gleich relevant sein müssen.

> Zwei verschiedene rechtliche Maßstäbe und Tatbestände? <

>>Ist nicht gerade der Bürger durch die Verfassung geschützt? Der Bürger, Betriebe und Organisationen haben sich gleichfalls an die Verfassung zu halten<<

18 - 17 - **A** [**Essay zu Realwirtschaft, *Geldwirtschaft***]

Überlegungen zur *Geldwirtschaft*:.

Ich habe nicht recherchiert, was die Geschichte des Geldes ausmacht. Ich weiß nur, dass die vergangenen Jahrzehnte verheerende Folgen haben: Was am schwersten wiegt, ist die *Abkehr von der ‚Goldwährung‘*. Jetzt kommen durch die Hintertür Kryptowährungen mit Öl- und Diamanten-Sicherung auf den Markt.

Dieses Krypto-Geld hat nur begrenzte oder zu spekulative Wirkung. Abgesehen von dem immensen unnatürlichen und umweltbelastenden Energiebedarf. Deshalb untauglich als Landes- oder Unionsgeldsystem.

Was mir vorschwebt ist eine Rückkehr zur *‚goldgesicherten Währung‘*, die aber mit mehreren *Edelmetallen* hinterlegt wäre. Wenn man das wieder hinbekäme, wäre wieder mehr Sicherheit und mehr Vertrauen in unsere Währungssysteme möglich.

Die globale Null-Zins-Politik der Großmächte war eine Entmachtung der Allgemeinheit und der Sparer. Wenn *Geld keinen ‚Wert‘* mehr besitzt, was ist es dann? Eine *Verrechnungseinheit*? Wie vor dem Euro? Wenn man die „Geld“-Entwertung weiter so vorantreibt, scheint es unausweichlich, dass es eines Tages wirklich zu einer teuren Angelegenheit zu werden droht, Geld zu zählen und so fort.

Plastikgeld unterliegt ebenso der Unsicherheit und kann – im noch schlimmeren Fall – fatale Folgen des „Diebstahls“ haben, abgesehen von der Entmachtung der Allgemeinheit, der Kinder, Kranken und der älteren Menschen.

18 - 18 - **A** [**Essay – Wirtschaft** zu ***Gewerke***] Wenn *Gewerkschaften* beständig Lohnforderungen betreiben ist das als verfassungswidrig zu definieren!

> Bevorzugt einseitig *inflationäre Tendenzen.* Mitläufer werden zudem nicht an den Kosten beteiligt, ganz zu schweigen von den Auswirkungen von Streiks auf die *allgemeine Wirtschaft und die Bevölkerung.* <

>> Neue Aufgabe der Gewerkschaften: Ermittlung von Berufsengpässen, somit Steuerungsgehilfe bei der Berufswahl in Zusammenarbeit mit Ausbildungsstätten, Schulen etc. Nur dort wären Lohn- und Gehaltserhöhungen erlaubt. <<

Hilfe und Umsetzungsbeihilfen vom Staat notwendig.

Nur dort, wo berufliche Engpässe vorhanden sind, werden durch Bezahlsteuerung die notwendigen Anreize für die berufliche Ausbildung gefördert. Die Beurteilung obliegt den Gewerkschaften.

Die Höhe der Gehälter von Managern dürfen nicht quantitativ festgelegt werden, sondern werden nach Qualität beurteilt. Derjenige, dessen Arbeit Ressourcen spart, wird bevorzugt.

Managergehälter können zwar an eine durchschnittliche Personenzahl gekoppelt werden, sind aber nur als Grundgehalt zu verstehen (etwa 40 %). Die restlichen 20 % sind freibleibend: mehr oder weniger für erfolgreiche beziehungsweise mangelhafte Tätigkeit. Ob das Geld zurückbehalten oder ausgezahlt wird, bleibt vorbehalten. Weitere 40 % sind für Qualitätsarbeit heranzuziehen.

Zum Punkt Eigentum, insbesondere im Hinblick auf Bernd Hacks (Regierungsdirektor im Ruhestand) Theorie: Der Mensch muss Einkommen bilden können und somit sparen dürfen. Ohne diese Erlaubnis wird dem Menschen ein Werteerlebnis vorenthalten und in Frage gestellt. Eine Verweigerung ist somit als abwegig zu verurteilen.

Außerdem begünstigt sie kommunistische Tendenzen, welche es erlauben würden, einem Konsortium herrschaftliche Gelüste zu befriedigen, ganz gleich ob zum Gemeineigentum gehörend oder nicht.

18 - 19 - **C** [***Essay zu Politik***] Wir verstehen uns > Nicht links, nicht rechts, sondern als die *goldene Mitte.*

Zitat: In der Mitte wirst Du am sichersten gehen (Ovid).

Partei zu sein, heißt, sich an Prinzipien zu halten. Das wohl wertvollste Parteimitglied ist jedoch dasjenige, welches sich unparteiisch verhält. Das heißt, sowohl als auch. Es ist vollkommen ernst gemeint.

18 - 20 - **A** [Allgemein-philosophisches Essay] ***Sinnvoll***, machbar, uneigennützig und fair muss es sein, um in der Welt ehrlicher zu werden.

Korruption und Spekulation muss die Luft aus den „Reifen" / den Blasen genommen werden. Wir benötigen *Hartgummi-Reifen!* Nicht Null-Zins-Politik, denn sie verhindert menschliche Initiative und führt – religiösen Doktrinen ähnlich – zu Missbrauch.

Zins zwischen drei und acht Prozent – das kann man steuern. Alles darüber liegende ist Spekulation. Damit ist sowohl die Deutsche Bank gescheitert mit 20 % Gewinnmaximierung, als auch die FDP mit ihrer Steuersenkungspolitik. Die Parlamente (Regierung) müssen schließlich für die Einhaltung sorgen. Dazu haben sie die Vollmacht der Bürger erhalten: *Eine zivilisierte Welt*!

Zwischen drei und acht Prozent.[1] Dieser Zinssatz kann allen langfris-

1) zum Beispiel für Kredite: Einnahme 8 % plus Gebührensatz je nach Firmengebaren –Gelder zwischen 1,5 und 3,5 (4) Prozent. Alles andere ist Wucher! = Gestaltungsspielräume, unterschiedliche Vergabetechniken (mit unterschiedlichen Wagnissen). Können damit keine Gewinne generiert werden > Einfrieren der Vergabe.

tigen Planungen zugrunde liegen. So entsteht Planungssicherheit für Kommunales und Privates.

Inflationsgehabe ausgeschlossen! Für Bürger, Kommunen und schließlich den Staat bedeutet das Sicherheit, welche der Bürger sich so wünscht.

18 - 23 - **A** [***Essay zu Bildung, Lehrfreiheiten***] Zu *Lehrfreiheiten* generell, zu *Religionsfreiheiten* und anderen doktrinären Ideologien verhält es sich ebenso wie zu Tier- und Menschenrassen.

Allesamt sind zu respektieren sowie nach Charles Darwin und Gregor Mendel in möglichst reiner Form weiter zu betreiben.

Was an *Hybrid-Rassen* brauchbar ist, ist ihrer momentanen Steigerung der *Leistungsfähigkeit zu verdanken*, aber ansonsten unfruchtbar und deshalb zu vermeiden.

Eine sprach-kulturenartige Ethik bezeugt dies für Menschenrassen insbesondere und widerlegt den gegenwärtigen Gebrauch der Vermischung von Menschenrassen, wie sie von einer Menschen-Spezies vorangetrieben wird, welche Vermischungen als ihr oberstes Ziel angeordnet hat, weil sie selbst gendominierte Voraussetzung erfüllt.

Die gegenwärtige Mundtot-Machung der Nordischen Menschen-Rassen zählt hierzu ebenso!

> Über die Geflügel-Hybrid-Rassen ist an anderer Stelle schon geschrieben worden.

Warum ist von *Staatsregierungen,* welche auf die Überwindung doktrinärer Einflüsse auf die Allgemeinheit nicht verzichten will und doktrinäre Ideologien weiterhin mit Subventionen bedenkt, die Subventionierung von wirtschaftlichen Interessen der Industrieländer, wie Hybridisierung von Völkern, bewusst in Kauf genommen worden?

Wenn eine autogenerierte, emanzipierte WeltBild-Konfiguration vehement autorisiert und möglicherweise subventioniert wird, sieht es für die autoverbreitenden-doktrinären-inflationären Tendenzen nach einer Hochkonjunktur aus.

Bürger, wacht auf: Startet zur BÜRGERMACHT!

18 - 23 - **A** Kann eine *neuartige* ***Wende*** gelingen? Dann beseitigt die trümmerhaften *Ungleichheiten* der Zivilisationen!

> *Schafft* eine Welt, in der alle *gleichermaßen leben* können: friedlich, koexistent, nicht ideologisch enthemmt und aller Geheimbünde entseucht, ganz gleich, wer sie inszeniert.

Der dogmatischen Vormundschaft muss ein Riegel vorgeschoben werden.

Wir alle haben das Recht, frei und emanzipiert in einer globalisierten EU-Form leben zu können.

Das erfordert einen *unglaublichen Akt* der *emotional-geistigen Individuen* unserer *gesamten Menschheit.*

18 - 24 **A**-/-C [Essay der ideologischen Arbeit ***Bauerngeschlecht***] Kommunisten enteigneten das *Bauerngeschlecht* in ihrem „Arbeiter- und Bauernstaat". Hirnverbrannte Chaoten machten die Welt unsicher und Ideologien verbrannten menschliche Gehirne.

Ist das Eure WELT, in der Ihr so gern leben wollt?

Von Geistermenschen gesteuert und manipuliert. Ein Heer von Lemmingen und Schafen. Eine Herde, keine Individuen. Stattdessen wollte man es doch andersherum.

> Wir werden unsere gewachsene Kulturhoheit auf unserem ureigenen Territorium nicht subversiven Mächten überlassen und preisgeben.
> Kommunale Vorsorge und Fürsorge einer Bürgerschaft zur menschenwürdigen Bürger-Gemeinde-Verwaltung? Die größte Unterschriftensammlung, die es je gegeben hat?

Tragt Ihr Euch ein – als Fan dieser humanitären Bewegung?

So helft und unterstützt unsere Bewegung der Mitte – humanitäre Gemeinschaft!

> Was wir benötigen sind Zucht und Rasse > Reinrassigkeit <. Klingt ein wenig hart, ist aber die einzige Alternative für ein erfolgversprechendes Modell. Nur mit Reinrassigkeit erreicht man erfolgreiche und emotional angereicherte Völker. Und nicht durch dominant-manipulierte Hybridzuchten von Menschenrassen.

18 - 25 - **B** [Essay des Alterns] Was das ***Alter*** betrifft, dessen ich mich stellen muss, kann ich nur sagen: Ich lebe in der Zeit, nicht nur in der, in die ich hineingeboren wurde, sondern von Geburt an bis heute, genauso, als wenn ich später geboren wäre.

Ich bin kein verknöcherter alter Herr, sondern ich habe von meinem 30., ja schon ab dem 10. Lebensjahr an begonnen, das Zeitgeschehen aufzunehmen, sodass ich genauso wie jeder dieser Zeit Lebenden, ganz gleich wie alt oder jung er ist, den Zeitgeist erfasse.

Außerdem, wenn alles menschliche Leben auf diesem Planeten ausgelöscht sein wird, ist es nicht mehr vonnöten, seinen Mitmenschen etwas zu erläutern. Denn dann erübrigt sich alles, aber auch wirklich alles menschliche Wissen und alle Erkenntnisse. Sie sind dann überflüssig geworden und nicht mehr relevant. Und allen sei gesagt, welche sich trauen, sich ein Urteil über mich zu bilden, was nicht den Gegebenheiten entspricht, sie werden sich eines Tages eventuell korrigieren müssen, so wie es wahrscheinlich schon einige getan haben.

Vorurteile sind schnell gefasst und nicht so einfach aus der Welt zu schaffen, wenn sie einmal getätigt wurden. Derjenige, der sich selbst befleißigt, sein Weltbild autogen zu zimmern, sollte jedoch immer bereit sein, sich der Korrektur zu unterziehen, um vorschnell gefasste Meinungen revidieren zu können.

18 - 27 - **C** [Essay der Wahl] Die ***Wahlmöglichkeit*** ist zu schaffen,

wenn sie nicht vorhanden ist! Bisher gibt es sie nicht oder nur eingeschränkt.

Welche würdet IHR denn gerne haben? Eine Utopie hilft Euch nicht weiter. Es muss eine reale *Wahlmöglichkeit sein*! > Wir haben sie, ihr braucht sie nur mit Leben zu füllen, dann könnt ihr sie auch formen – sie muss aber erstmal existent sein! <

Mit minimalem Einsatz ist das zu verwirklichen! Doch Engagement ist dazu notwendig. Es genügt nicht, etwas zu wollen, rein geistig – es *erfordert Einsatz.* ein Hauch von Leben ist notwendig, damit das Kind heranreifen kann.

Was fehlt hierzu? Dass jemand folgt und unterstützt? Ist alles vorhanden.

> NUR AUFBEREITEN IST NOCH NOTWENDIG!
> *Sich „rühren" sollte schon die Bereitschaft sein.*

18 - 27 - **D** [Essay - Werteunterrichtung ***LEG***] Offizielle Bezeichnung an Schulen: bisher LER; jetzt: ***LebenskundeEthikGlaube LEG*** (LEG-ALGE mit W'BL) NEU: *LEGAWA* LebenskundeEthikGlaube-AutogenerierterWeltAnschauung, das heißt, WeltBild Emanzipierter Lebensgestaltung

> Deshalb nicht LER, weil Religion nur der theologische Teil des Glaubens ist und nur noch den dogmatischen Teil des Glaubens beinhaltet.

Der *Hauptteil des LEG* liegt deshalb auf der neutralen, weltlichen Unterrichtung des Glaubens.

Ethik ist die Essenz der *Werte-Philosophie* und besteht aus vorhandener Weltliteratur.

Beides zusammen beinhaltet die Lebenskunde: „Glaube" des theologischen, dogmatischen Teils und als ‚Glaube' des kulturellen-sakralen, undogmatischen, weltlichen Teil des Glaubens, in weltlicher Form des Nicht-Wissens, der Annahme, das etwas so sei, wie es uns erscheint zu sein.

18 - 27 - **C** [Essay zur jetzigen Regierungspolitik] Der ***Bundestag*** des Reichstagsgebäudes steht auf einem Vulkan und wird von giftigen Gasen durchzogen. Wie kann man sich sonst vorstellen, dass Menschen/Politiker, die Verantwortung für ein ganzes Volk tragen, derart von einer pathologischen Seuche erfasst werden, dass sie ihre vollkommene Identität verlieren und als Verantwortung tragendes Gremium Kontinuität verlieren bis hin zur vollkommenen Selbstaufgabe.

Andere Nationen bemerken diese suizidähnliche Selbstaufgabe, die selbst den Visionen der „Zeugen Jehovas" ähneln, mit Erschrecken.

18 - 28 - **A *Mächtigkeit*** des Geldes [Essay – Wirtschaft der Volksgemeinde {Demostie}]

> >>> Ebenso ist die *Mächtigkeit des Geldes* überschritten worden. <<<

Doch, wie sieht die „Flüsterung" des Geldes aus?

> > DEFLATION und GELD-WERT-STABILITÄT,
> FINANZGRUND <

Wie kann das erreicht werden?

1) Abkehr von „gesteuerter" Inflation

2) Abkehr von NOTENBANK >

> gesteuerter Inflation der *Notendruckerei*

3) „NOTEN-GELD" nur so viel, damit der ‚FLUSS' des Geldes reibungslos vonstattengehen kann.

3a) Erst wenn die Korrelation wechselseitig und die Korrespektivität dies gegenseitig bedingt und erfordert.

4) Somit KEINE FESTE Regulierung und Paritäten!

> Es IST die Aufgabe der NOTENBÄNKER, das Gespür zu haben für vorgenannte Szenarien.

Es GILT die DEVISE: AUS GANZ EUROPA eine CH, die Schweiz, zu FORMEN und

> NOCH BESSER < > > > DIE MENTALITÄTEN EUROPAS, des GANZEN KONTINENTES, sind der SCHATZ EUROPAS.

Unsere Aufgabe: Sie in möglichst reiner FORM zu erhalten, nur dann ist IHR ERFOLG garantiert < < <

Was im Kleinen gelingt, müssen wir im Großen EUROPAS versuchen.

EINES bedingt das ANDERE: Es kann nicht sein, dass in Ballungszentren die gleichen Bedingungen herrschen wie in dezentralen Gegenden.

Also nicht MÜNCHEN oder BERLIN wie in Bremen oder im Bayrischen Wald. Ob dies nun Einkommen oder Miete betrifft.

Deshalb sind dies ganz ‚normale Bedingungen', *bessergestellt oder einfachergestellt*. Liegt also in der Natur der Sachen! Eine sogenannte „Armut" kann reizvoller sein als „Reichtum". Die Devise lautet also: Nicht minderwertiger zu sein mit weniger Einkommen oder Ressourcen, sondern es gleicht sich ALLES aus. Das kann nur der ‚SLOGAN' sein.

Es gilt lediglich, unsere *Einschätzung*, unser *Denken* zu korrigieren. Schon läuft alles viel besser!

18 - 31 - **D** Ich möchte mehr ***WISSEN*** zur selbstgestalteten (autogenerierten) *SELBSTMÄCHTIGKEIT*, um *MEHR GELTUNG* als *STAATSBÜRGER* zu erhalten: Man einer *Organisation* angehört und von dieser gewählt werden kann.

18 - 32 - **A** [Essay zur MQ, Menschliche Qualität] ***MQ***: Von vier diplomierten Hochschulabsolventen kann ich nur einem die volle MQ zusprechen. Einem die hälftige MQ, den anderen nur bedingte MQ.

Angesichts des menschlichen „Ausgangsmaterials" ist nur bedingt davon auszugehen, das nur auf eine gute Ausbildung Wert zu legen sein wird. Sondern ebenso kommt es auch auf eine hohe Verantwortung für die ‚schulischen Fähigkeiten' an, um MQ zu forcieren.

MQ sind jedoch unbedingt erforderlich, um die ganze Menschheit in einen ‚guten Zustand' zu bringen und auf *Dauer ‚instand'* zu halten.

Ich hoffe, dies mit einem fag W'BEL bewerkstelligen zu können und auch auf ein hohes Niveau zu bringen, sodass wir als qualifizierte Homo sapiens doch nicht ganz durch eine ideeologische Ansicht und ‚allein geistigen Potentials' unserer eigenen Vernichtung werden entgegengehen müssen.

Es ist also notwendig, die Ausbildung auf einem hohem Niveau zu halten. Ebenso NOTWENDIG wird es jedoch sein, VORURTEILE, insbesondere gegen die Erfordernisse einer gut geleisteten fag W'BEL-Ausbildung, abzubauen.

Es sind *Vorurteile* der verschiedensten menschlichen Eigenschaften zu verzeichnen, in emotionaler, wie der verschiedensten geistigen Ausrichtungen der Wissenschaften, beziehungsweise des Erfahrungs-Wissens, entgegen zu halten.

Dem mit der religiös anmutenden einseitigen Ausbildung und Verblendung einhergehenden Gebrauch des menschlichen Verstandes muss entschiedener Druck entgegengesetzt werden. Man verzeihe mir, dass ich hiermit nur den dogmatischen Gebrauch meine. Ansonsten ist der Glaube ein unabdingbarer Bestandteil des menschlichen Wesens und somit mit ihm unabänderlich verbunden.

Dass diesem Gebrauch der menschlichen Intelligenz Vorschub geleistet wird, muss und wird beendet werden.

Der Voreingenommenheit derartiger Verhaltensweisen der menschlichen Intelligenz muss ebenso begegnet werden.

Uns Europäern fällt diese Aufgabe insbesondere zu, weil wir von der Auswanderungswelle der vergangenen Jahrhunderte lernen können, wie so etwas bewerkstelligt werden kann:

A) Zum einen müssen wir die negativen Folgen reduzieren, die aus puritanisch-religiösen Auswüchsen herrühren.

B) Zum anderen aber sollten wir uns dem unbürokratischen Gebrauch von Anweisungen und schließlich „Gesetzen" *ANNEHMEN*.

C) Und dies sollten wir schließlich mit einem ETHOS verbinden, der es unmöglich macht, ins *Negative abzudriften.*

FAZIT: In dem mitteleuropäischen GEBRÄU eines Schmelztiegels ähnlich gearteter Mentalitäten ist so viel „Blut“ verschiedenster Linien enthalten, die AUSREICHEN sollten, um zu gewährleisten, das ‚GROSSE ZIEL‘ nicht aus den Augen zu verlieren.

Das können wir aber nur, wenn wir uns nach den jüngsten Vorkommnissen unserer Bestimmung voll bewusst sind und dies auch der gesamten Bevölkerung des europäischen Kontinents bewusst machen.

Nachsatz: Dem hinzuzusetzen wäre nur noch etwas Selbstverständliches > Dass der Mensch ja aus Körper, Geist und Seele besteht. Letztere scheint in so vielen „Gegenden“ des menschlichen Körpers beheimatet zu sein und ihr Gebrauch kann im Grunde nur vermutet werden. Sie scheint jedoch ein unwiderlegbarer Bestandteil unsers Selbst zu sein, ohne den wir nicht in unserer ‚SEINS-WEISE‘ existieren können.

> Im Gegensatz dazu ist unserer angenommener und ja inzwischen auch wissenschaftlich fundamentierter Teil des Körpers, der Verstand, existent.

Über dessen Gebrauch besteht aber noch so viel „Unwissen“. Wir sollten uns EINIGEN, ihm einen einheitlichen Gebrauch, EIN ETHOS zuzugestehen.

Dieser ist nicht nur aus *ethischen Gründen*, sondern AUCH aufgrund des menschlichen Daseins erforderlich. Deshalb ist ein vernunftbegabter Gebrauch dieses Körperteils unabänderlich und sollte in *einem für jedermann gültigen Konsens* eines ETHOS‘ verankert sein. Wenn es auch noch so schwierig erscheint aufgrund der verschiedensten Ideologien, welche auf dem Globus beheimatet sind!

Sollte eines Menschheitstages vielleicht doch ein ‚einheitliches, menschliches ETHOS möglich sein? So wie wir doch alle nach einem ‚einheitlichen Bauplan‘ gebaut erscheinen. So wie das bei einzelnen Tiergattungen der Fall ist?

So ANDERS wie wir gelegentlich meinen, zu sein, sind wir nun auch wieder nicht.

18 - 38 - **C** Wir schaffen das Neue ***Europa***! Das Europa der *SKEPPINE*! Als *Föderalistischen Staatenbund*. Nur so haben wir eine Chance, eine Ordnung und können eine Gerechtigkeit für alle Bürger gewährleisten.

Dazu wird es notwendig sein, sich mit Gleichgesinnten zu verbünden, jedoch OHNE von unseren MAXIMEN nur einen DEUT abzuweichen oder diese aufzugeben. Denn sonst käme es auf einen gepanschten Wein hinaus und als ein solches Produkt verkaufen wir uns NICHT.

Wir wollen eine anständige, ehrliche, faire politische Arbeit verrichten für alle Bürger – nicht nur regional, sondern für ganz Deutschland, für ganz Europa, als Weltbürger, welche Verantwortung übernehmen, auch für Dinge, die auf der anderen Seite des Globus geschehen.

18 - 38 - **D** ***Wertekunde (Ethik)*** mit ideologiefreier, autogenerierter Lebensgestaltung. Emanzipiert im ALGE-Treff oder im eigenen Kämmerlein – Ihrer Phantasie und Intuition freien Lauf lassend. Es gibt viel gute Literatur, Aphorismen, gutes Liedgut und viele Sprichwörter des Volksmundes, welche man sich zu eigen machen kann. Gestalten Sie Ihren ureigenen Lebensbaums, somit Ihr Weltbild, individuell, einmalig und Ihres eigenen Wertes entsprechend. Nehmen Sie wahr, wie Sie sich in der Gesellschaft fühlen: undogmatisch und nur Ihrer eigenen Weltanschauung gemäß, niemandes Untertan, Ihrem eigenen göttlichen Wesen entsprechend. Ein friedvolles göttliches Haus Ihr Eigen zu nennen und darin zu wohnen, ist nur Ihrem Wesen geschuldet. Das ist das wahre göttliche Dasein unseres irdischen Aufenthaltes. Man hüte sich davor, Gott spielen zu wollen oder sich für Gott zu halten, was in der Religion ja leicht der Fall sein kann.

Machen Sie sich auf den Weg, gleich wie viele Äste und Zweige Ihrem Lebensbaum gewachsen sein mögen, es ist ihr Lebensbaum!

18 - 38 - **D** ***Glaube.*** *Ur-Bestandteil* des menschlichen Lebens mit ei-

nem elementaren Zusammenhang: zum einen als weltliches Wissen und zum anderen im Gegensatz als dogmatisches, aufgezwungenem Wissen; sowie aus Erfahrung oder wissenschaftlich Wissen gewonnen.

Vom Nicht-Wissen zum Glauben und schließlich zum Wissen. Mit LEGAWA zu ALGE mit fag-W‘BEL. [**L**ebenskunde**E**thik**G**laube**A**utogenerierter **W**elt**A**nschauung zu **A**utogenerierter**L**ebens**G**estaltung**E**manzipiert mit **f**rei**a**uto**g**enerierten – **W**elt‘**B**ild**E**manzipierter**L**ebensgestaltung]

18 - 38 - **C** Die parlamentarische ***Republik.*** Artikel 2 des GG, garantiert uns die freie Entfaltung eines jeden Bürgers dieser Republik. Wenn Mehrheitsentscheidungen nicht das Allgemeinwohl tolerieren sollten, müssen wir sie doch akzeptieren.

Ein Verein, wenn er nicht vom Gesetzgeber eingerichtet wurde, ist privat, kann seine Grundsätze frei definieren und seine Satzung frei, offen und nach seinem Belieben festlegen. Außerdem muss er von der Obrigkeit toleriert und geschützt werden. Ganz gleich, was intellektuelle Baumkletterer sich herausnehmen. Das steht nicht unter dem Schutz der staatlichen Gesetzgebung und ist zu entkriminalisieren.

18 - 39 A-/**C**-/-**D** Wir sollten uns mit weniger ***Absolutismus*** und mehr *Gemeinsamkeiten* beschäftigen, statt auseinander zu driften. Wir sollten mehr Gemeinsamkeiten aufbauen – ja, aufbauen – und wenn man etwas gebaut hat, ist es notwendig, es zu erhalten. Für die Erhaltung sollte man einstehen und sich einbringen. Ferner benötigen wir zur Gemeinsamkeit ein Ethos, einen gemeinsamen Schwur, durch welchen wir uns im Wintergarten-Rütlischwur als menschenwürdige Bewegung und Gemeinschaft einschwören wollen. Ohne diese Gemeinsamkeiten wären wir der Willkür ausgesetzt und würden wie ein Blatt im Winde schwanken, ohne dass man uns erkennt und als zuverlässigen Partner einstufen könnte. Deshalb ist es notwendig, das zu verinnerlichen. Und noch etwas möchte ich Ihnen mit auf den Weg geben:

Als *Gruß: Sei (Seien Sie) sawe [*sinnvoll, uneigennützig, würdig und ethisch];

zur *Verabschiedung: Bleib (Bleiben Sie) fahs* [fair, menschenwürdig, altruistisch und sinnmachend].

Als Erkennungsformel, ohne Abzeichen und Kleidung, ohne Erkennungsmerkmale.

18 - 39 **A**-/-**C** *Freies* ***Staatsbürgertum*** kann es nur geben, wenn sich Staaten von jeglichen ideologischen Vermächtnissen freihalten: von links, von rechts oder von religiös-anmutenden, dogmatischen Ideologien. Alle führen in Abhängigkeiten des freien, göttlichen Wesens Mensch. Das freie, göttliche Wesen Mensch geht nur dort Abhängigkeiten ein, wo es existenziell notwendig erscheint und so sollten wir unser Leben einrichten.

Ohne Lebensbaum lässt sich das nicht bewerkstelligen. Den geistigen Horizont herzustellen, sind wir als Menschenwesen verpflichtet – schon um sich vom instinktmäßigen Verhalten des Tieres abzusetzen, nein einfach, weil es für unsere Existenz unabdingbar ist.

18 - 39 - **C** Bei so hohen ***Bildungspreisen*** ist es nicht verwunderlich, dass *Geringverdiener* kaum eine Chance haben, sich weiter- oder fortzubilden! Siehe Bertelsmann-Stiftung, Weiterbildungsatlas 2018.

Migranten, die sich an unsere *Prinzipien* halten, können hierbleiben. Die anderen mögen unser Land verlassen, wir brauchen sie nicht.

Gesellschaft kann nur funktionieren, wenn wir uns engagieren, denn sonst übernehmen das die „Aktivisten“ und diese verkaufen ihr letztes Hemd! Deshalb bringt Euch ein und engagiert Euch, beendet dieses Vakuum! Wir haben mittlerweile keine ernst zu nehmende politische Organisation, welche man vorbehaltlos wählen könnte!

Siehe auch Bayer: Der Machthunger ist unersättlich, siehe Übernahme MONSANTO!

18 - 41 **A**-/-D ***Ich glaube*** an die Würde jedes einzelnen Menschen und seine persönliche Freiheit. Außerdem an die Freiheit des Glaubens, anstelle dogmatischer Glaubensfreiheit.

18 - 41 **A-/-D *Lebensbaum-Weihe*** ist als *Lebenskunde*, *Ethik*, als *Wertekunde* unverzichtbar, *Freiheit des Glaubens* ebenfalls: Das alles führt zu einer autogenerierten *Welt-Anschauung*, zur *Würde des Menschen* in seiner *Vollendung* und zu seiner größten *Entfaltungsmöglichkeit*. Dies lasst uns bewerkstelligen und den Kampf und den Marsch aufnehmen gegen alles, was sich der *Würde und der Freiheit* des Menschen in den Weg zu stellen vermag!

Lasst uns die *Aufrichtigsten* der *Weltgeschichte* sein!

18 - 41 **A**-/-**C *Deutschland*** hat den *Verstand* aufgegeben, aber seine Würde nicht.

18 - 41 - **C *Unser Staat*** unterstützt betrügerische *Unternehmungen* erheblichen Ausmaßes: durch *Förderung* mit finanziellen Mitteln und indem er betrügerische Maßnahmen nicht verfolgt und ahndet, sondern durch administrative, legislative und exekutive Einrichtungen selbst unterstützt.

a) Subventionen werden fehlgeleitet: gegen den Klimaschutz, anstatt <u>für</u> den Klimaschutz!

b) Religionsunterricht an staatlichen Schulen

c) Einzug von Steuern religiöser Einrichtungen

d) lässt den Missbrauch des ungeschriebenen Seerechts zu

e) befördert und unterstützt derlei Maßnahmen

f) ruft selbst zum Missbrauch auf

Alle diese Punkte sind nicht Aufgaben eines Staates, welcher seine Staatsbürger bestmöglich zu verwalten hat.

Petitionseingabe über change.org und openpetition.de erforderlich!

Ferner: Unser Staat leistet kriminellen Betätigungen Vorschub. Somit Anzeige wegen kriminellen Betruges.

Die Staatsorgane überlassen die kriminologische Arbeit privaten Institutionen und übernehmen deren Ergebnisse für ihre betrügerischen Eigenbetätigungen.

Unter dem Deckmantel von Religion und Staat werden Verbrechen begangen wider die Menschlichkeit.

18 - 42 **C**-/-D Die ***menschenwürdige*** *Volksgemeinde*, der Jedermann-Verein > die Humanitäre Demostie Kommunal < HDeK. Mit dem Herz auf dem rechten Fleck. Humanitäre Bewegung mit LEGAWA als EHREN–CHARTA, um zu leben zu wissen – aus Lebenserfahrung, wissenschaftlichem Wissen und Freiheit des Glaubens. Das ist das Gefüge, das menschliches Dasein so wertvoll macht ...

< Aus Sorge um sich selbst geboren. Zum Weiterleben sich Sorgen machen und zum Überleben, sein Dasein und die Welt gestalten. >

Sei SAWE – Bleib FAHS. Sinnvoll, fair, menschenwürdig, uneigennützig und ethisch (wertmäßig) sinnmachend!

18 - 42 - C Die ***Zukunft Europas,*** Beitrag von Bundesminister Hubertus Heil und Prof. Dr. Eva Kocher. Thema: *Arbeits- und Sozialpolitik*?

Sie haben vollkommen recht. Abermals wird Sozial- und Arbeitspolitik vom grünen Tisch aus angefertigt und wie mit einer Farbpalette austariert.

Das ist jedoch das große *Dilemma*! Ohne wissentliche und wissenschaftliche Erkenntnisse der Naturgesetze kommt man nicht zum gewünschten Resultat.

Wenn Sie zwei *Farben* mischen, erhalten Sie nur zu einem Viertel das gewünschte Resultat. Der Rest bleibt unbrauchbar. So wirkt sich auch die gut gemeinte Steuerung der „großen Politik" aus.

Zurück bleibt ein ungewollter, unbrauchbarer Rückstand. Schlimmer als alles zuvor Dagewesene!

Wenn man nicht gewillt ist, auf naturgemäße Gesetzmäßigkeiten achtzugeben, so wird man, wie es *Charles Darwin* und *Gregor Mendel* für die Rassen-Lehren-Theorie erkannt hatten, verinnerlicht werden.

Und noch *eines*: Praktische Beispiele dessen gibt es zuhauf, ob nun ethnisch bedingt oder rein kommerzieller Natur.

Das Gegenteil tritt ein von dem, was gewollt war: Deutschland wächst nicht zusammen, es driftet immer weiter auseinander.

In Europa sind die Weichen schon ebenso gestellt.

Ein Umkehren wird schwer, wenn sich keine Einsichten in die Problematik ergeben.

18 - 42 - **C *Handwerk***. Um mehr für Handwerksberufe zu werben, sollten Handwerksbetriebe selbst in *Schulen Interesse* für ihren Beruf wecken. Wachstum: Was man Wachstum nennt, ist im Grunde Wahnsinn – selbst für Inflation zu sorgen. Deshalb: Mehr für Deflation werben, das heißt für Preisstabilität.

18 - 43 - **D** [Essay ‚Die Gestaltung eines eigenen ***WeltBildes*** ‚]

I - 1) Sie nehmen sich irgendein Buch eines Schriftstellers/Literaten, lesen dieses und vielleicht sein ganzes Werk.

2) Sie lesen noch andere *Literaten*, auch *verfilmte Literatur.*

3) Sie hören sich *gesungene Literatur* an.

4) Sie nehmen Aphorismen/Gedankensplitter, eignen sie sich an.

5) Sie schauen sprichwörtlich dem Volk auf den Mund: *Sprichwörter* des Volksmundes sind eine „Bildungsmöglichkeit", um sich einfach und schnell Verhaltensmuster anzueignen.

Aus all dem ergibt sich ein Mix aus *Erfahrungswissen,* der Ihnen als eine solide Stütze eines autogeneriertem Weltbildes dienen kann.

II – Dient zur A.W.A., der *Autogenerierten Welt Anschauung;* noch das allgemeine *wissenschaftliche Wissen*, ständig erweiternd und auch verbessert.wird

III –Die *Freiheit des Glaubens* ist ebenso wie die vorgegangenen Formen des *LebenWissens* unerlässlich. Alle Dinge, auch abstrakte Dinge, welche noch nicht wissentlich (gedanklich) beurteilt, bekannt und bewiesen sind, sind vorerst zu glauben. Es ist zu glauben, dass sie so sind, wie sie uns erscheinen beziehungsweise bekannt sind.

Erst durch die *Beweise des Lebens* und der Wissenschaft werden sie zu einem *gegenständlichen Wissen* des menschlichen Geistes. So lange verbleiben sie in der Pipeline des Glaubens.

Dieser Glauben hat sich jedoch einer absoluten Freiheitszone unterzuordnen und darf ja nicht einem *dogmatischen Glauben* zugeordnet werden.

„*Glaubensfreiheit*" kann es unter dieser Voraussetzung gar nicht geben, denn sie wäre nichts anderes als aufgezwungener Glauben, Wissen. Sie kann es so wenig geben, wie es einen ‚*absoluten Glauben*' geben kann. Siehe auch Lessings Ringparabel.

18 - 43 - **D** *Schule der LEGAWA*, der ***<u>L</u>ebenskunde*** ...

Lernen einer Lebensweise für ein glückliches, erfülltes LEBEN.

Für eine Gemeinschaft und für ein gesellschaftliches Miteinander. Für eine friedsame Völkergemeinschaft auf unserer Erde.

Wer gewillt ist, Grenzziehungen zuzulassen und sich seiner Lebenshilfen aneignet und beherzigt und vermenschlicht, sowie verinnerlicht, als seine eigene Ethik-Charta.

> Ohne Regeln, Normung und Gewohnheiten wird es schlechthin kein gutes und glückliches Leben geben können.

Eine Ethik-Charta erscheint daher unerlässlich.

Für mich und für meine Mitmenschen, für unsere Gesellschaft.

Nur in der Gemeinschaft aller kann es Freiheit, Zufriedenheit und Glück geben. Ansonsten können nur „Inseln" dessen existieren.

18 - 44 - **D** Der ***Mensch***, das *Tier- und Pflanzenreich* ist wahrscheinlich ‚göttlich', aber <u>*niemals*</u> *Gott*! Der Mensch betrachtet sich aber als „Gott" in den Religionen, denn dazu wird er angeleitet: selbst „Gott" zu sein und zu „spielen".

18 - 45 B-/-D ***Weltanschauung.*** Ich arbeite seit meinem zehnten Lebensjahr an einem autogenerierten W'BEL(WeltBild Emanzipierter Lebensgestaltung), sodass man schwerlich die jüngsten Jahre mit einer Konfrontation allein vergleichen kann. Mein eigenes Weltbild hat vor über 60 Jahren schon bestanden. Da gab es gewisse Menschen, geschweige denn deren Literatur, noch nicht. Jedoch haben selbige Gedankengänge seit mindestens der Aufklärungszeit Bestand.

Die griechische *Mythologie*, insbesondere die Stoiker, sowie Montaignes, Stendhals und Rousseaus Weltbild wurden schon zu damaliger Zeit des mittleren 20. Jahrhunderts zu meinem Leitbildern. Iwan Turgenjews und Leo Tolstois Maximen hatte ich längst schon verarbeitet, als im weiteren Verlauf meines VHS-Lebens hervorragende Dozenten (Dr. Vogel und Dr. Kluge) dazu beitrugen, meinen geistigen Horizont zu beeinflussen und mein Weltbild zu festigen. Sie zeigten mir ihre geistigen Vorstellungen auf und ich war gewillt, diese aufzunehmen, weil sie Allgemeingültigkeit besaßen. Sie begleiten mich bis heute auf dem Weg einer eigenen Weltanschauung, welche hierzu die Begründungen festigen halfen. Verdanke ich es meinem Lebenslauf, der eigenen gewählten Bildungsstruktur erhebliche Aufmerksamkeit gewidmet zu haben. Ich bin gewillt, diese mit anderen Literaten und Autoren zu erweitern, solange es mein Am-Leben-Sein zulässt. Das ist mein ureigenes Selbst und das kann kein noch so dogmatisches, weltliches oder religiöses Weltbild mir zunichtemachen. Die Opfer, welche ich dafür meinem beruflichen Leben gebracht habe, mögen dies bezeugen. Ich führe heute ein relativ bescheidenes Leben, das aber ‚mein Leben' ist und das ich mir von keiner noch so „anders" gearteten Weltanschauung werde zunichtemachen lassen. Dafür gab es in meiner Jugend Erlebnisse, welche sich in dieser Richtung meines bewusst und unbewusst gesteuerten Lebens vollzogen haben, welche einbezogen und Bestandteil in vollster Breite sind.

18 - 47 - **A ‚*Die Prerower Erkenntnisse*'**

als LEGAWA >Zum Lebensbaumstamm< (LBS) ist Folgendes zu sagen:

> 1 < Jeder hat seinen eigenen *Lebensbaumstamm*. Man hat ihn schon oder wählt ihn selbst aus. Nur gilt es dabei zu bedenken, dass man zwar selbst göttlich ist. Nur: Sich selbst zum LebensBaumStamm zu wählen, wäre fatal, denn dann würde man sich selbst als „Gott“ einsetzen.

Somit kann dieser LBS immer nur ein anderes individuelles Wesen sein: Literat oder Schriftsteller und andere. Nur keine Ideologie als dogmatisches Wesen darf es sein.

Jedoch ein anderes ‚göttliches Wesen‘ aus vergangenen Jahrhunderten oder Jahrtausenden.

Wenn man an die ‚Wiedergeburt‘ glaubt, warum nicht auch dieses Wesen? Umso mehr werden Äste und Zweige mitbestimmend sein für die gestalterische Fokussierung der sprachlichen Ausgestaltung und inhaltlichen Ausschmückung mit Leitstrukturen, wie Aphorismen etc.

> 2 < ‚Freiheit des Glaubens‘. Sie sind also frei wie ‚Die Gedanken sind frei‘ in Johann Wolfgang Goethes Sinne.

Weder in weltlicher noch in religiöser Ideologie verbunden, verhaftet, sondern wirklich frei in Ihrem geistigen Denken und Horizont. Sie nehmen die Freiheit des Glaubens wahr in allen seinen Formen, ordnen sich nicht einer dogmatischen, auch nicht gen-gesteuerten Ideologie unter. Sind ihr nicht verhaftet und wirklich frei in all Ihren Entscheidungen. Ein freies Wesen ist ein göttliches Wesen, ohne einem Gott oder mehreren Göttern dogmatisch untergeordnet zu sein.

Ihre Skepsis lässt dies auch nicht zu. Nur Ihrem freien geistigen Horizont gehorchend, in freier Entscheidung Ihres Unterbewusstseins. So sind Sie ein ‚freier Mensch‘ und der größtmöglichen Identität nahe.

> 3 < Zum menschlichen Sein gehört unsere Verbundenheit als soziales Wesen zur Gemeinschaft. Zu der Gemeinschaft gehört eine Ordnung mit Regeln. Um diese Regeln möglichst für jedermann verträglich zu halten, gehört es sich, an der Findung der Regeln teilzuhaben.

So ist es notwendig, dass ich nicht ausschere und andere über mich allein entscheiden lasse. Ich habe eine Mitwirkungspflicht an den Entscheidungen der Gemeinschaft, in der ich lebe, aufgehoben bin und auch sein möchte.

Eine Entschuldigung, sich dieser Verantwortung zu entziehen, gibt es nicht.

Drei Grundsätze der Prerower Erkenntnis > Der Mensch als soziales Wesen < siehe oben.

> 4 < Zum Lebensbaum: Wiedergeburt als Urahn, ob tierisch, menschlich oder pflanzlich. Alles ist genbedingt und vorherbestimmt. Die Vererbungslehre Gregor Mendels ist sicher weiter noch als genforschungsmäßige Zukunftskonform zu artikulieren. Deshalb bleibt vieles noch offen und unerforscht. So empfiehlt sich eine offene Grundhaltung in unvoreingenommener Version der demütigen Haltung vor den Naturgesetzen.

Voreilige Schlüsse hierüber zu ziehen, ist Voreingenommenheit und maßlose Überschätzung der menschlichen Fähigkeiten, was der menschlichen Voraussicht vorbehalten bleiben muss.

18 - 47 - **C *Große Politik*** und laufende Kommunalpolitik ins Tagesgeschehen. Ist es notwendig, sich über das Tagesgeschehen zu informieren, um sich seine eigene Meinung bilden zu können, damit man die Tagespolitik und die große Politik zusammenfassen kann? Aber es geht nicht nur um die große Politik, sondern um die langfristige Kommunalpolitik. Davon abgesehen, dass auch die große Politik langfristig, eventuell noch längerfristiger, angelegt sein sollte und könnte. Natürlich geht es um eine fachkompetente Auswahl an Themen sowie personelle Entscheidungen. Für eine Volksgemeinschaft ist es von besonderer Bedeutung, dass man nicht langfristig genug denken und planen kann, damit für den Staatsbürger eine möglichst langfristige, voraussehbare Entscheidung kalkulierbar ist. Dass für den persönlichen, familiären und gruppenmäßigen Gebrauch Planungssicherheiten aufgebaut werden können. Beispiele gibt es viele,

deshalb wird an dieser Stelle darauf verzichtet.

Gestalten ist unabsehbar, nicht einsehbar und deshalb diskriminierend.

18 - 47 - C ‚***Zeitgemäßes Stimmungsbarometer***'. Zum Vorgehen des Niederwalzens einer allgemeinen Beurteilung der Ansichten, welche zu einem Volk bestehen, wird eine Umkehr, ein Bumerang erzeugt, welcher sich einer generellen Beurteilung nicht mehr widersetzt und sich letztlich zur Gesamtbeurteilung für das gesamte Semitische manifestiert und somit eine ballistische Umformung aller Indizien zur Folge hat. „Migrationspolitik" ist verlogen und betrogen, das heißt, Lügner und Betrüger in einem! Migration kann niemals fehlende Arbeiter und Angestellte, das heißt, in kurzer Zeit benötigte Arbeitsplätze, ausfüllen. *Fazit*: Wenn die gewerkschaftlich verordnete 30-/36-Stunden-Woche auf 48 Stunden ausgedehnt werden würde, gäbe es genügend Arbeit für alle Inländer. An GEWERKE: statt 30-Wochenstunden Arbeit 45-48 Stunden = kein Bedarf an ausländischen Kräften nötig! *Die Gewerke* machen in doppelter Hinsicht die *falsche Politik*:

1) gewerkschaftlich verordnete Kurzarbeit
2) Lohngefeilsche zu größerer Ungerechtigkeit. Die Lohnschere ist permanent aktiv!

FAZIT: *Gewerkschafts-Aktivitäten* müssen eingeschränkt werden aufgrund sozialer Ungerechtigkeit! Zu der verlogenen Gewerkepolitik gehört die gesamte „Sozial"-Politik Deutschlands! Arbeiter- und „Soldaten"-Räte, die Anfang des 20. Jahrhunderts mit Pause zum Arbeiter- und „Bauern"-Staat wurden: „Sozial"-, „Soldaten"- und „Bauern"- wurden allesamt begraben! Die „Soziale" PD macht gar keine soziale politische Politik, sondern ist eine *Begräbnis-Partei mit Begräbnis-Politik!*

18 - 50 - **D „*Gläubige und Fatalismus*?"** {Passive Lebenshaltung ist schicksalhaft.}

Legen „Gläubige" mehr Fatalismus an den Tag?

Ein Bezug scheint jedenfalls gegeben aufgrund eindeutiger Bezugnahmen von Personen. „Intoleranz" wird zunehmend stärker durch die Auswirkung der Verschiebung der sogenannten „Glaubensfreiheit"!

Glaube JA – dogmatische Religion NEIN !

Weil der Mensch untrennbar mit Glaubensinhalten verbunden ist. Deshalb unsere unbedingte Forderung: *Freiheit des Glaubens* muss garantiert sein!

„Nur Freiheit des Glaubens ist frei!"

18 - 50 - **A** [Essay zu ***Lebensweisheit]*** Könnte es sein, dass die *junge Generation* einen großen Fehler begeht? > Indem sie *Lebensweisheit, Lebenserfahrung* leugnet? Woher nimmt man eigentlich diese *Voreingenommenheit* der Unvernunft?

Ist sie „anerzogen"? Das heißt, erziehen lässt sich doch heute kaum jemand mehr. Stattdessen klug geboren, weiß alles, ohne zu lernen. Alles überflüssige Betätigungen: Ich bin klug, klüger, am klügsten!

„Ich bin der King" – ohne zu wissen, warum man ein König wird. Von der Pike auf zu lernen und sich zu erarbeiten, wie etwas funktioniert, wie man miteinander umgeht, wie Regeln aussehen, um das Spiel zu kennen, mitzuspielen zu können. Gesetze zu respektieren und einzuhalten. Gilt dies alles nur für die „Alten"? Oder liegt da noch etwas dazwischen, das man auch beachten könnte?

Ich vermute, bis man die Regeln für das Menschsein und Dasein wirklich erlernt hat, bedarf es noch etwas mehr, als nur auf diese Welt zu kommen: Eine menschliche Daseins-Qualität (MQ) einzuüben, damit ich auch berechtigt bin, auf der Welt zu sein.

In die Weltgemeinschaft als vollwertiges Mitglied, als Teil unseres sozialen Miteinanders würdig aufgenommen zu werden. Das will manchmal erkämpft sein, jedoch mit Respekt, mit Disziplin und als Regeln einhaltender Mitmensch.

Ohne diesen Diskurs wird es schwerlich sein, ein menschenwürdiges

Miteinander zu bewerkstelligen und zu üben. Stattdessen gilt Faustkampf und Schlimmeres auf diesem so einmaligen Planeten.

HuB, LEGAWA – ganz gleich, wie viel Sie vom Kuchen der Erkenntnis mitbekommen haben, Sie profitieren immer!

18 - 50 - **A** [***Essay zu Definition „Das Soziale***"] Das „Soziale", das rein Soziale lehnen wir ab, nämlich die reine Umverteilung, wie es die SPD und andere vornehmen.

Wir sehen uns als das *Ethisch-Soziale*, dem Sozial-Ethischen verantwortlich, das der Ethik verbundene ‚Soziale'.

Ohne ein *wertegebundenes soziales Verhalten* kann es in der menschlichen Gesellschaft nicht gehen.

Dazu gehört ebenso die Mindestlohnforderung und die Grundeinkommenforderung/-sicherung als unsoziales Verhalten. Es ist der *Allgemeinheit* nicht verständlich zu machen, dass jemand ohne eine Leistung oder Tätigkeit gegenüber der Gesellschaft eine (Ein-) Forderung tätigen kann.

Ebenso muss die *Entlohnung* offengehalten sein, damit überhaupt eine Berechtigung zur Bezahlung eingefordert werden kann. Zum Beispiel müsste ja auch „Kinderarbeit", das heißt Jugendlichentätigkeiten einmal nicht zugelassen und zum Anderen, deren Bezahlung, wie bei Erwachsenen zu bezahlen/auszurichten sein.

FAZIT: Für das nicht ausreichende *entgeltliche Einkommen* kommen die staatlichen Einkommenssicherungen auf {Überprüfung (Team) plus strukturierte Sicherungen}. Und das muss auch so von der Allgemeinheit akzeptiert werden. Sonst käme es auf Folgendes heraus: Für eine getätigte Leistung muss nicht unbedingt eine adäquate Bezahlung erfolgen beziehungsweise umgekehrt!

Wir sollten uns einem ethischen Staatswesen zuordnen und alles auf den Prüfstand stellen, was dem nicht entspricht.

Es muss ethisch sinnvoll und sinnmachend ausgerichtet sein. Dann erst erhält eine Staatsführung die volle Berechtigung, als eine solche zu gelten und tätig werden zu dürfen.

„Die Soziale Marktwirtschaft" ist passé.[2] Man kann den Konzernen der Wirtschaft die Führung nicht ohne ethische Grundsätze überlassen. Im Gegenzug sollten Ethik-Kommissionen der Regierung beziehungsweise deren Fachkommissionen[3] eingesetzt werden.

Die „Soziale Marktwirtschaft" ist passé. Es lebe die ‚Sozial-Ethik-Wirtschaft' mit Fair-Trade, Renaturierung und humanitärer Lebensweise.

18 - 50 - **A „*Bürgerrechtswünsche*"**. Es wird von keinem Staatswesen zu ermöglichen sein, dass alle „berechtigten Wünsche" berücksichtigt werden können. Auch ein familiäres Unternehmen kommt nicht darum herum, „Abstriche" zu tätigen, um den wichtigsten *funktionalen Erfordernissen* Rechnung zu tragen. Haben Sie bitte Verständnis dafür, dass man sich im Leben immer für die wichtigsten Dinge entscheiden muss und oft nur einen Weg beschreiten kann und andere unberücksichtigt lassen muss. Das kann oft mehr sein, als wenn viele nicht *produktive Versuche* unternommen würden.

18 - 50 - **C „*Sorglos*"**. Dem muss ein Ende bereitet werden. *Wirtschaften, regieren, leben und denken!*

Dafür ‚bewusst' leben, denken, regieren und wirtschaften!

Kein „Homo-Leben" des Homo sapiens, sondern ‚homogenes Leben' und zwar auf jedem Kontinent eine Spezielle, der Umwelt gemäße Lebensgestaltung.

Der Mensch muss sich der Umwelt anpassen und nicht umgekehrt, die Umwelt ihm.

Wir sollten wieder auf den Lauf des Lebens achten und nicht das Leben dem technischen Wahnsinnswachstums anpassen wollen.

Wir müssen wieder auf die Begrenzung *allen Wachstums* achtgeben

2) Die jetzige Neuausrichtung einer „Sozialen Marktwirtschaft" ist aus vorgenannten Gründen völliger Schwachsinn.

3) Beziehungsweise mit ehrenamtlichen Mitarbeitern, um die Wirtschaftsbetätigungen der Regierungsarbeit ethisch zu überprüfen; als Ethik-Kommissionen eingesetzt.

und unser Leben danach einrichten und nicht umgekehrt. Beliebiges technisches Wachstum zuzulassen, als die technische Natur zu unserem Diener zu erklären.

18 - 50 - **C *„Obdachlos“***. Wer jetzt unter *Brücken, bei Regen und Kälte* um 5 Grad plus aushalten muss, ist nie allein selbst schuld, sondern hier versagt die *kommunale Verwaltung*!

Die *Abgeordneten und kommunalen Verwalter* sitzen ja in geheizten Wohnungen im Trockenen mit ausreichender Kleidung und Lebensmitteln – ja Luxus! Und sie sitzen auf dem Geldsack, welcher *menschliches Leid* und Misere hätte ausgleichen sollen! *Was sagt Ihr dazu?*

Welche solches Unbill wählen und unterstützen?

Und am Elend vorbeigehen. Ein einziges Mal für ausgewählte Obdachlose ein Festmahl zu veranstalten, ist ein Tropfen auf den heißen Stein!

18 - 51 - **C *[Essay zu politischem Verhalten]*** Eigentlich sollten wir uns verhalten wie Huskys. Deren Verhalten ist beispielhaft für eine menschliche Ausrichtung einer weltumfassenden Konzeption unseres *politischen Verhaltens.*

Ein Husky-Gespann setzt sich aus Leittier, Second-Tieren und Zieh-Hunden zusammen.

Könnte es so ein rassistisches Verhalten auch für uns Menschen geben? Und das weltweit?

Wegen der verschiedenen Umweltvoraussetzungen wohl ein Unding, dies voraussetzen zu wollen.

Das falsche Leittier an die Spitze gestellt und die Partie endet im Abgrund!

Deshalb erscheint es so wichtig, das richtige Tier an die richtige Position zu setzen. Ohne diese Voraussetzung keine positive Erwartung!

Zum einen ist also die Auswahl und zum anderen der richtige Einsatz zu treffen: Wer wird an welcher Position eingesetzt.

FAZIT: Für unser *politisches System* eine hervorragende Systematisierung.

Unser Wahl- und Einsatz-System ist grundlegend zu ändern, *insbesondere hinsichtlich des zeitlichen Einsatzes.*

18 - 51 - **D** [***Essay zu Bildung, visionäre philosophische Ethik***]. *Vorausschauende Wertekunde* > Aus *Wissen und Erfahrung* < Umsetzung gepaart mit Einfühlungsvermögen und schubkräftigem Durchsetzungsvermögen?

Woraus entsteht sie?

Letzteres: Erhalt durch sogenannte negative Eigenschaften.

Ersteres: Sensible Voraussetzungen.

Also als Umsetzung: Vorausgesetzte sensible Eigenschaften gepaart mit sogenannten negativen Voraussetzungen.

Drittens: Woher das Wissen nehmen, wenn man nicht selbst darauf kommt? Aus der *Menschheitsgeschichte*!

Wozu haben Menschen vor uns gelebt und gedichtet, uns ihr Wissen hinterlassen?

Damit wir es einmal weiterbringen und nutzbringend anwenden können. Dasselbe gilt auch für jeden von uns hier und jetzt Lebenden.

Darum seid nicht hochnäsig und glaubt, dass Ihr allein die Göttlichen seid! Sondern Ihr seid nur ein winziges Ameisenglied in der Menschheitsgeschichte, welche so unsäglich groß und lang ist, das man es nicht vermag, sie zu überblicken. Damit einhergehen könnten eine demütigere Haltung und etwas mehr Ehrfurcht vor dem, was wir heute vorfinden und was der Mensch in all seinen Gliedern zuwege gebracht hat. Auf diesem einmaligen Planeten, von dem es sicherlich keinen zweiten gibt, auch wenn wir das so gern hätten.

18 - 52 - **C** [***Essay zu Wirtschaft*** (9)] Zum *nationalen Rechtssystem* benötigen wir ein länderübergreifendes, internationales Rechtssystem.

Das muss als Voraussetzung für zum „REEP-WEG“, aus Ressourcen,

Erzeugenden, Erzeugern, Produzenten geschaffenes Fair-Produkt, werden.

Die UNO könnte dabei hilfreich sein, jedoch gilt es, eine eigene Rechtsorganisation des internationalen Rechts zu schaffen.

„InReOrg" = Internationale Recht Organisation.com? Tichys Einblick? (als Mitgestalter) und Anderer demnächst umgesetzt!

Für Fairtrade-Produkt des REEP-WEG als „Marke-Global" neben Fairtrade.

18 - 52 - **D** Lasst uns alle singen, ***unsere Chöre*** wieder erstarken, unser Engagement nicht einschlafen – für alle diese wunderbaren menschlichen Handwerke. Lasst uns die Sprachenvielfalt und unsere guten Gepflogenheiten wieder pflegen, für sie Zeit haben. Das geht nur, wenn wir „Unnützes" ummünzen in wertvolle Tätigkeiten.

Lasst sie uns suchen und zum Alltag werden.

Das Technische, Industrieelle ist eine arm- und krankmachende Betätigung, welche wir lieber ersetzen sollten durch sinnvolle Beschäftigung, die dem ganzen Menschen nützt und die Natürlichkeit der Betätigung wiedergibt.

Geliebt zu werden und echte Freundschaft wieder erlebbar werden lässt, immer dann in kleineren Beziehungen zu tätigen, in größeren Beziehungen schwerer durchzusetzen und durchzuführen, an denen wir vielleicht ersticken und uns krank machen.

Das humanitäre Leben als HuLecKs, in kleinen Happen, für jeden verständlich, eben ein richtiges „Volkslexikon" zum Nachschlagen, in die Tasche stecken und so weiter.

Ohne ein paar Gemeinsamkeiten zu entwickeln, können wir gemeinsam nichts erreichen. Ohne uns als Truppe einzuschwören, werden wir schwerlich Gehör finden für unsere Anliegen! Deshalb: Ihr seid alle Individuen und trotzdem kann man Gemeinsamkeiten entdecken. Ohne Gemeinsamkeiten keine Familien, keine Gruppen und keine Truppe. Versucht es doch!

Für mich hat es nicht ganz gereicht, es hat nicht sollen sein. Aber für die „Humanitären" möchten wir uns umso stärker einsetzen.

Wir haben eine gute Ausrichtung und ein gutes Programm mit Fairness und Gerechtigkeit für jedermann.

Unterstützt und stärkt Ihr unsere gemeinsame Bewegung, für die es sich einzusetzen lohnt? Ja, sagt Ja und es wird sich für alle lohnen. Glaubt auch daran, an unsere Zukunft und: Der Einzelne ist nur gemeinsam stark! *Man will uns in ganz Europa und wir werden niemanden enttäuschen,* der an uns glaubt und uns hilft, uns zu verwirklichen. Weil wir die andere Welt erwarten für das Menschenwürdige und nichts anderes, deshalb seid humanitär!

So wie Sarah Wiener, die die „andere Landwirtschaft" (meine Worte) für die Bienenzuchterhaltung einsetzt.

Nur wenn wir so fleißig sind, wie ein Bienenvolk, unsere Rassetierzucht ausweiten, das industriell herbeizitierte Artensterben aufhalten. Wird für uns Menschheit die Chance gekommen sein und sie nicht, vertan zu haben. Seid dieses Mal so mutig, es anzugehen und nicht vergessen, es auch wirklich zu tun.

Es kann nur Euer Gewinn sein und Eure Chancen vermehren für eine Welt, in der wir leben können, wo das Leben erträglich ist und Spaß macht. Gemeinsam Dinge zu erleben, von denen wir alle träumen und von denen wir doch so weit entfernt sind wie eh und je.

Werft einmal Eure Sorgen, Eure Bedenken über Bord und segelt gemeinsam im Wind aller Gezeiten zu den besten Zeiten unserer Tage auf diesem Planeten. Wir benötigen keine anderen Erdtrabanten. Unser Planet ist der schönste aller Zeiten. Nur gewahr werden muss man sich dessen schon, bevor es zu spät ist ...

18 - 52 - **C** [***Essay zu Wirtschaft als Fair-Produkt***] In einigen Dingen kann es *keine Kompromisse* geben. Das betrifft besonders die neue Ausrichtung zur ethisch-sozialen Wirtschaft!

Sozial-ethische – ethisch-soziale Wirtschaft.

Das Verhältnis der Erzeugenden zu den kommerziellen Erzeugern muss auf eine Ebene gehoben werden. Ebenso wie die Gewährung der Ressourcen gebenden Bereiche.

Es gilt, eine Drittel-Wirtschaft zu errichten, wie sie noch nie oder nur selten bestanden hat.

Es gilt, den Ressourcen gebenden Dritt-Ländern, den Erzeugern und dem Erzeugenden eine völlig neue, gleichwertige Aufteilung und Verteilung als gleichwertiger Partnerwirtschaft zu gestalten:

Ein Triumvirat zu schließen.

Von selbstständigen Partnern, ohne Dritt-Vermittlung und Beeinflussung gegenseitiger Interessen, sondern > Die drei Partner als Souveräne, als eigenständige Sozialpartner anzuerkennen und deren Zusammenarbeit als eigene hoheitliche Akzeptanz zu respektieren.

Es muss eine eigene Satzungshoheit geschaffen werden, deren Verwirklichung herbeizuführen ist.

Einer Art genossenschaftlichen Dreiheit muss ein Rahmen gegeben werden, um die rechtliche und wirtschaftliche Zusammenarbeit zu gewährleisten.

FAZIT: Somit wird eine wertmäßige echte Globalisierung entstehen. Mit nicht globalen Gleichmachungstendenzen, wenn regionale Unterschiede zugelassen werden, denn Unterschiede wird es immer geben und darauf wird eingegangen werden müßen. Auf eine allmähliche Angleichung ist Wert zu legen, jedoch ohne eine abrupte Gleichmachungsmentalität entstehen zu lassen.

Gruppierungen mit Vollkaskomentalität sind mit Vorsicht zu genießen und letztlich vollständig abzulehnen.

Fairtrade und Fair-Produktion als der REEP-WEG:

Ressourcen, Erzeugenden, Erzeugern, Produzenten als Fair-Produktion von Erzeugnissen sind als der „REEP-WEG“ zu gestalten.

18 - 52 - **A** <u>*Betriebswirtschaft*</u> [***Essay zu Gewerke (3)]***

Mittwochnachmittag > schöpferischer Ethik-Nachmittag.

Freitag voller Arbeitstag, evtl. zusätzlich samstags arbeiten.

Aber im Blick: keine volle Befriedigung der Märkte, sondern: sie wertvoll machen, das heißt: auch verknappen – immer im Einklang mit der Produktion und der Ressourcen-Lieferung!

Der Mittwochnachmittag ist der Tag der Beschäftigten-Diskurs-Ethik.

Dann einmal im Monat/Vierteljahr mit dem Chef / der Chefetage und aller Viertel-/Halbej-Jahre mit den Ressourcen-Ländern einen Austausch vollziehen.

Auch immer im Einklang mit verschiedenen Abteilungen, wie Lieferung, Programm, Fertigung, Exporte etc. Zum Beispiel Vermarktung, Erlös und Verteilung. Dabei hat der Chef / die Chefetage stets Vorrang, aber auch Dritt-Abteilungen, zum Beispiel vierteljährig und abschließend jährlich.

Sowie die Möglichkeit, einen Dreier freizumachen Do., Fr. (Sa.) oder Mo., Di., Mi.

FAZIT: Somit weniger Krankheitstage!

Gewerke konzentrieren sich, werden zu Kommissionen aufgeteilt, in fachspezifische ‚Ratgeber'. Streiks entfallen gänzlich. Mitarbeiter sind ‚Teilhabende' am Produktionsprozess. Somit entfällt diese Funktion der „Streiks"/Gewerkschaften im herkömmlichen Sinne der Inflationstreiberei vollkommen. Sie wird nicht mehr benötigt.

18 - 52/53 - **A** „***Gedanken zur Jahreswende 2018/19***" Thema: „Wie erhalte ich *Macht* für meine staatsbürgerliche *Verantwortung*?"

Wie werde ich „Entscheidungsträger" der demokratischen Entwicklung? Indem ich zu jeder staatsbürgerlichen Entscheidung meine eigene Überzeugung gefunden habe. So kann ich Bezug nehmen, wenn es um die Entscheidung geht, Stellung zu beziehen. Somit stärke ich mein Selbstbewusstsein derart, dass ich nicht nur ein unnützes Rädchen im Getriebe der Gesellschaft bin, sondern erhalte einen Habitus, welcher es mir ermöglicht, als wertvolles Mitglied der Allgemeinheit zu wirken.

Es ist vielschichtig, was den eigenen Nutzen betrifft, aus einer eigentlich leicht zu tätigenden Beschäftigung, die im Mitdenken entsteht, ein stärkendes Bewusstsein meiner Selbst zu entwickeln. Somit habe ich eine weitere Möglichkeit hinzugewonnen, um aus mir einen glücklichen Menschen werden zu lassen.

18 - 53 - **A** [***Essay zu „ Religion“ GSE (7)***] *Freiheit des Glaubens*: Als Definition des Glaubens der Religionen.

In der HuGem gilt nur die *Freiheit des Glaubens* und nicht die Religionsfreiheit!

Sollten MG als LBS (Lebensbaumstamm) einer Religion angehören, so sollten sie sich besser im alltäglichen Gebrauch der Freiheit des Glaubens bedienen (FdG).

19 - 03 - **C** GSE: 11/12 ***Grund*** und Boden als MA-LEHEN: Zur Grundsteuer, zu jedem Euro, welcher der Gemeinde-Kommune zufließt, erhält die Kommune vom Bund ebenfalls einen Euro hinzu, um die Infrastruktur zu erhalten und einzurichten. Strikte Topf-Haushalt-Politik vorausgesetzt.

Fazit: Reicht das nicht aus, sollte die GSt erhöht werden beziehungsweise der Bund seinen Zuschuss erhöhen.

19 - 04 - **A** [*Essay zu GSE, GrundSatzEntscheidungen*]

Grundsatz-Programme [GSE]

I Bildung > muss bezahlbar bleiben

II Preise > senken, keine Inflation, sondern Deflation zulassen

III Gewerke > Gewerkschaftshymne, Streiks um Lohn/Gehalt werden untersagt

IV Korruption und Lobbyismus > eindämmen und verhindern

V Regieren > administrative Neuordnung teamfähiger 2/3- und 3/4-Mehrheiten

VI Migranten > bevor sie deutsche Staatsbürger werden, kein Recht auf Gerichtsklagen und keine doppelte Staatsbürgerschaft

VII Religiöser Unterricht > keinen Religionsunterricht an staatlichen Schulen

VIII Kirchensteuer > Einzug durch den Staat abschaffen

IX Industrie-Wirtschafts-Ethik > zum Beispiel Roboter-, Rüstungs-, Atomar-, Chemie- und Nahrungsmittel-Industrie rückführen

X Gemein-Ethik > einführen, zum Beispiel Medizin-Ethik, Überwachung durch Kommissionen

XI Spekulationen > auf Grund und Boden beenden, dafür einführen:

XII MA- Lehen > für Grund und Boden

NACHTEILE

I > Hohe Kosten verursachen Bildungsnotstand.

II > Inflationäre Tendenzen erweitern die Schere zwischen Arm und Reich.

III > Fördern Ungleichheit der Allgemeinheit und dies global

IV > Verursacher ständigen Missbrauchs von Vergütungen und Ressourcen

V > Schwierigere, aber gerechtere Durchsetzungen neuer Gesetze

VI > Keine für deutsche Inländer

VII > Nur für dogmatische, religiöse Vereine

VIII > Kein automatischer Einzug der Kirchensteuer für religiöse Vereine

IX > Konzerne erhalten keine Freibriefe für Natur-Abbau und schädlichen Klimawandel.

X > Der Mensch wird verschont; zum menschlich-würdevolleren Patienten!

XI > Endlose Mietsteigerungen ins Unermessliche, somit spekulative Herausnahme von Mietsteigerungen

XII > Privates Eigentum wird zum Gemeinde-Kommunalen-Eigentum.

VORTEILE

I > Bildung wird für jedermann ermöglicht;

II > Deflation verbessert die Lebenslage vieler und das global;

III > Ohne Streiks wird die gesamte mobile Arbeitswelt ohne Beeinträchtigungen über das gesamte Jahr garantiert. Ein menschenwürdigeres Leben für jeden in unserer Gesellschaft wird ermöglicht;

IV > Ohne Korruption und Lobbyismus wird eine gerechte Verteilung von Ressourcen und Finanzmitteln (Finanzgrund) ermöglicht;

V > Macht eine gerechtere Verwaltung sowie mehr Beteiligung der Staatsbürger möglich;

VI > Deren Abschaffung bedeutet für Deutschland die Gleichstellung mit anderen europäischen Staatsbürgern. Inländer und Kommunen werden entlastet;

VII > Machtmissbrauch von dogmatischen, religiösen Vereinen wird eingestellt. Damit entsteht die Eigenfinanzierung religiöser Vereine. Die Freiheit des Glaubens wird somit garantiert;

VIII > Endgültige Entlastung ermöglicht die Trennung von Kirche und Staat. Bessere Lenkung von weltlichen, religiösen und anderen Ideologien;

IX > Bessere Steuerung der wirtschaftlichen Ströme von Ressourcen und Klimaverbesserungen, weil der Planet Erde durch natürliche Klimaverbesserer geschützt wird;

X > Dem Ersatzteilverbrauch wird Einhalt geboten.

XI > Bekämpfung von inflationären Tendenzen der Wohnungsnot. Kommunen werden bessergestellt;

XII > Grundbucheinträge bleiben erhalten und werden fortgeführt.

19 - 05 - **C** ***Europaparlament.*** Lieber Normalbürger, was erfahren Sie eigentlich aus dem Bürokraten-Haus? So gut wie NICHTS! Das sollten, müssen wir ändern. SKEPPINE(– SALBSCH) berichtet aus Europa! Jede Republik, jedes EU-Land berichtet SKEPPINE! Das heißt, jede Landesfraktion schreibt Berichte (Tagesgeschehen). Was es vom Europaparlament wohl an SKEPPINE-BLATT Neues zu berichten gibt? An allen Kiosken Europas! Nachrichten aus dem SKEPPINE-Haus des Europas. Sowie Radio, TV und Verlag. SKEPPINE-BLATT als Zukunftsversion!

19 - 09 - **C** Zu ***GSE*** *11-12 MA-Lehen.* Umwidmung von Privat- zu Gemeindeeigentum: Alles bleibt wie bisher > Eintragung im Grundbuch und Weiterführung mit allen *Rechten des Nutznießers = Nießbrauch mit erweiterten Rechten.*

*Grundsteue*r (GSt) wird wie bisher von der Gemeinde erhoben. Neufestsetzung der Höhe aufgrund des Nießbrauchs. Bedingung ist, dass die GSt im eigenen Topf für Infrastrukturmaßnahmen verwendet wird.

Ein Euro der GSt als Einnahme der Kommunen. Zusätzlich wird vom Bund mindestens ein Euro für Infrastrukturmaßnahmen vorgesehen. Je kleiner eine Kommune, desto höher der Anteil des Bundes! Der Bund bemisst den Anteil zur Auffüllung auf 100 % bei Neueinrichtungen.

Befindet sich auf dem Grund und Boden einer Gemeinde eine Autobahn, eventuell mit Zufahrt und Raststätte, so wird die Gemeinde Betreiber der Raststätte. Der Autobahnbetreiber erhält Vorgaberechte zum Betrieb der Raststätte.

19 - 09 - **B** *Als* ***Anklang*** *soll's erklingen ...*

Leise rauscht die Weise
hinab in's untere Tal.
was mög' es dort wohl geben,
da unten, dass ich so lauschte?

Es war die Melodie der Worte,
die mich belauschte,
um sich zu bestätigen,
der Worte Inhalt zuzuweisen.

Ach, was tust Du so leise,
es war doch nur Deines
Ganges Weise, was Dich
so denken ließ.

Hast doch nur, die Weise
aufgefangen, die Dir
erklungen, aus der Worte
Schwall herniederklungen.

Ich suchte Harmonie
und fand doch nur die Weise,
welche das Leben schrieb
in einer Weise des Landes.

Was dich gebären ließ
hast Du aufgefangen
in Deines Körpers Weise, dich
verewigt für ein ...

Unendliches Dasein
der Menschen Gunst.
wirst dort ewig sei'n
so lang es Menschen gibt.

Dramatischer Nachklang:

Warum seid Ihr schon gegangen
Hättet so viel erleben können.
Doch nun ist es beschlossen
und Euer Sein ist beendet.

Eh' es so richtig begonnen,
habt Ihr beendet,
bevor es der reifen Frucht
Ernte konnte ereilen.

... Wenn man einen Suizid begeht.

Doch der schweren Last
des Daseins nicht gewachsen,
hat es euch hinabgezogen
in des Daseins Grund.

Die Melodie verklungen,
die Eure Körper sungen.
Warum, warum,
es half nichts mehr ...

Liedtext: „Unser Land und das Leben“

Das Land braucht uns, wir brauchen das Land, unser Land;
Wollen wir uns eintragen, wir tragen uns gerne ein,
Denn wir brauchen das Land, unser Land;

Unsere Heimat, die uns trägt und uns gerne trägt,
Weil wir sie tragen, auf Händen tragen und nicht mit
Füßen trampeln; Wir brauchen das Land, unser Land;

Der Frühling kommt, wir brauchen den Frühling, der

Frühling braucht uns, die Bienen brauchen den Frühling,
Wir brauchen die Bienen, sie geben uns den Honig;

Der Honig schenkt uns die Liebe, die Liebe schenkt uns das
Leben; Und das Leben wird uns geschenkt, darum tretet
das Leben nicht mit Füßen, wir haben nur dieses Leben;

Darum lieben wir dieses Leben, weil es uns nur einmal
geschenkt; wir lieben das Leben, weil es uns geschenkt,
Bringen wir uns gerne ein und kommen zur rechten Zeit:

Die Sonne geht auf, um's Herz wird uns warm
die Sonne geht auf und alles wird gut, habt Mut!

19 - 10 **C**-/-D Mit ***Demostie*** verbinden wir eine gesellschaftliche Form der griechischen Gemeinde, eine Form, die philosophische Geister der griechischen Nation als die erstrebenswerteste Form des zwischenmenschlichen Zusammenlebens manifestierten.

Und wir finden, diese Form des zwischenmenschlichen Zusammenlebens sollte wieder aufgenommen werden, um der vollständigen Aufgabe, der jüngsten Identität ganzer Völker, des Neo-Liberalismus, gerecht zu werden.

Alles, auch vor dem Überfall und der Überlistung einer religiösen Ummantelung der europäischen Mentalität bis zum heutigen Tag. Eines wieder Jahrtausende-Währenden Umhüllung gefährdet sind. Individuen, macht Euch auf, um Euer persönliches Frei-Sein zu gewährleisten! Alternativ bleibt nur die vollkommene Umnachtung für den Rest des menschlichen Daseins auf diesem Planeten. Gewiss, davon bin ich überzeugt. So bleibt uns nur die Gegen-Alternative!

19 - 10 - **D *Grund-Schulfach***: *Naturkunde*, theoretisch und praktisch von (bio)bäuerlichen Anwesen ausgehend und des Weiteren gärtnerisch, forstwirtschaftlich (Wälder), landschaftsgärtnerisch (Parks):

- *vom Wesen* der Ernährung, gesunden Ernährung – Kartoffeln, Getreide etc.
- *vom Unwesen* der Gepflogenheiten, wie Nikotin (Rauchen), Alkohol (Trinken), Rausch erzeugenden Szenarien (Drogen).
- Sowie die Grundfächer zu lehren: Schrift zu üben und nicht nur das Eintippen mit einem Finger! Welche Vergeudung von Zeit! Das Zehn-Finger-Schreib-Sytem ist in zusätzlichen Kursen zu erlernen.

Singen, für Jeden! Und gymnastische Übungen zu tätigen.

19 - 10 - **D** Wir ***verurteilen*** nicht, wir üben keine Rache. Wir *veredeln*, wir sind die menschliche *Baumschule* der Lebensbaumstrategie (LBS). Wir alle können lernen und zwar bis zur letzten Stunde unseres Daseins. Lassen Sie es zu, schließen Sie nicht alle Türen. Auch wenn Sie sie nur einen Spalt öffnen, kommt frischer Wind zu Ihnen. Sie haben nicht abgeschlossen mit dem Leben, es erfüllt und bereichert Sie immer wieder auf‘s Neue.

Wir hören nie auf zu lernen und uns Dinge anzueignen, welche uns bereichern zu einem erfüllteren Leben, wie es nur eines geben kann, das Ihre, das eines einmaligen Individuums. Wenn Ihre Seele erfüllt ist mit Gefühlen, wollen sie sich verteilen. Sie geben und sie nehmen gleichzeitig so viel, wie ein erfülltes Leben nur sein kann. Probieren Sie es aus! Mit der Zeit stellt sich alles wie von selbst ein.

19 - 11 - **D *Ethisches Buffet***. *Gemeinsamkeiten* gehören einfach dazu, um ein *Zugehörigkeitsgefühl* wahrzunehmen. Wir haben uns einer minimalen Disziplin zu unterwerfen: dem Wintergarten-Schwur, der Begrüßungsformel und der Abschiedsformel. Ansonsten könnt Ihr

Euch am Buffet bedienen, wie es Euch gelüstet. An literarischem Gedankengut dürfte kaum Mangel sein. Jeder kann sich also nach seinen eigenen Anlagen seine Lebensbaumstrategie zusammenstellen. Das ist die einzige Herzensangelegenheit, die jeder von uns befolgen sollte, um ein minimales *Zusammengehörigkeitsgefühl* zu erzeugen, das nötig ist, um zu einer *Gemeinschaft* zu gehören.

‚*Seid Sawe*', ‚*bleibt Fahs*' sagt all das, dessen wir uns befleißigen sollten: etwas Sinnvolles und Sinnmachendes zu gestalten und eine gewisse Disziplin einzuhalten, die hiermit gefordert ist.

Ohne Hütehunde läuft eine Hammelherde kreuz und quer durch's Gelände. Das wollen wir vermeiden.

Fazit: Also ein Minimum an Gemeinsamkeiten ist gefordert, ansonsten bedient man sich am individuellen ethischen Buffet.

Als nächstes haben Sie die Möglichkeit, Prioritäten zu setzen, einen Verein zu favorisieren, welcher Ihrem Habitus am nächsten kommt:

1) Für *Natur und Mensch*, wenn Ihnen die Natur am wichtigsten erscheint, wählen Sie den DHB e.V.

2) Sind Sie sehr für *Geselligkeit*, werden Sie sich für die Humanitäre Gemeinschaft entscheiden.

3) Sind Sie für *Humanitäre Gemeinschaft* als elitäre Gestaltung mit MQ [Menschlicher Qualität], sind Sie für die Humanitäre Gesellschaft geeignet.

4) Sind Sie mehr *künstlerischen, ethisch-philosophischen, lehrenden Dingen* zugetan, werden Sie sich mehr zu LEGAWA hingezogen fühlen.

5) Sind Sie mehr den *Verwaltungsaufgaben* einer Gemeinde, einer Stadt, einem Land und Regierungsaufgaben zugetan, wählen Sie HDeK.

So können Sie Ihre *Priorität* setzen und Ihren Kopf- und Hauptverein festlegen.

So wie eine Hand fünf Finger hat, so haben wir, die Humanitäre Bewegungsgemeinschaft, fünf Vereine und einen davon wählen Sie zu Ihrem individuellen Verein.

Ferner können Sie's so *handhaben*:

a) Liegen Ihnen kommunal-politische Beschäftigungen der Tagespolitik, der Verwaltung und Örtliches nahe, so wählen sie *HDeK*.

b) Finden Sie Bildung und lebenslanges Lernens wichtig, so wählen Sie *LEGAWA*.

c) Sind Sie für Mensch und Natur, so bringen Sie sich in den *DHB e.V.* ein.

d) Nehmen Sie Menschliches als das Wichtigste wahr, so liegt Ihnen die *HuGem/HuLeG* am nächsten!

19 - 11 - **C *Software*** ändern, *System* aufbrechen.

> Stille-Humanitäre-Demos! Mit Flyern informieren! Web-Information.

Stille-Demo-Motto: *Spruchband* > Wir wollen unseren Präsidenten, unseren Bundeskanzler selber wählen!

19 - 11 **A**-/-**D** Wir sind ***Sklaven*** jahrtausendealter dogmatischer Religionen.

Gesellschaftserzeugend, aber für welchen Preis? Der Selbstaufgabe, ja Hingabe. Ist es das wert? Das Selbstopfer zu erbringen?

Behalten wir dieses *Standardsystem* bis zum Nimmerleinstag, behalten wir die Sklaverei bis ans Ende der Menschheit bei!

Schaffen wir *Freiheit des Glaubens* und somit individuelle Weltanschauung, emanzipiert, erhalten wir die Freiheit, die sich jeder für sich wünscht. Entscheiden zu können, zu wem ich gehöre, was ich glaube und was nicht. Das Individuum schlechthin. Mit all den Fehlern und Siegen, die ich mir selber zufüge oder erhalte.

Ein schwieriges Unterfangen, aber ein vergleichsweise einmaliges, individuelles Erlebnis sondergleicher Art.

Bin ich nicht dazu in der Lage, nehme ich mir andere Vorbilder, nach denen ich lebe und füge nur meine Besonderheiten hinzu. Schon habe ich mein spezielles eigenes Leben kreiert, für eine eigene Glückseligkeit ohne Dogma, ohne nach der Pfeife anderer zu tanzen.

Ich eigne mir nur die Eigenschaften an, welche ich für meinen individuellen Charakter als geeignet empfinde. Findet man sie nicht gleich, macht nichts, auch Rom wurde nicht an einem Tag erbaut.

Humanitäre Bewegung: Fünf Vereine. Finden Sie so Ihren Verein und teilen die anderen hinzu als fundamentale Stützen.

Jede erste Woche im Monat:

| DHB e.V. | HuGem | HDeK | LEGAWA | HuBB | alle im HuZ |

| Natur und Gemeinschaft | Verwaltung | Lebenskunde | elitär | einschließlich|

| Mensch | aller | + Regierung | ALGE | | KiTS, Kinder- |

| eingtr. V. | (gemeinn.)V. | n.-rechtsf.V. |n.-wirtschl.V. | (e.V.) | Tages-Stätte |

| MO | DO | MI | DI | spontan | Mo-Fr, (Sa) |

19 - 11 **B-/-C** ***GSE*** 11/12 Auf wessen *Grund und Boden* liegt das Grundstück, welches Sie gern hätten, um darauf Ihren Wohnsitz zu errichten? Auf *Gemeindegrund*! Und wessen *Bürger* werden Sie, wenn Sie *Nutzungsrechte* für ein Grundstück erwerben? *Gemeindebürger*! Also, was macht es für einen Unterschied, wie meine Rechte im Grundbuch einer Gemeinde, eines Ortes, einer Stadt eingetragen sind? Sie werden Nutznießer (Nießbrauch, modern: Leasing) des Grund und Bodens.

Grundsteuer zahlen Sie so oder so. Nur dass Sie den Vorteil haben, für den Grund und Boden keinen Kaufpreis zahlen zu müssen, sondern einfach eine jährliche Grundsteuer entrichten an die Gemeinde. Für

Sie entfallen Kaufpreis und Kaufsteuern, sogar etwa Gebühren für Infrastrukturmaßnahmen. Eventuell zahlen Sie die Anschlussgebühren weiter entfernt liegenden Grundes.

Nur Vorteile für MA-Lehen mit Nutzungsrechten. Obendrein wird eine Spekulationsblase vermieden, welche alle treffen kann. Gerechtigkeit für jedermann. Auch um Mehrfamilienhäuser und Mietwohnungen zu errichten. Das entscheidet jetzt eine Gemeinde und nicht der Spekulant. Somit könnten in jedem Bezirk einer großen Stadt Mietwohnungen gebaut werden. Es gäbe keine entvölkerten Citys mehr.

MA-Lehen ist wie das „LEASEN" des Grundstückes einer Gemeinde mit allen Rechten und Pflichten eines „Eigentümers".

19 - 11 **A**-/-**C** GSE 11/12. Eine ***Gemeinde*** ist wie ein Großgrundbesitzer. Sie kann Land, Grund und Boden zur Nutzung vergeben. Sie kann es auch selbst bewirtschaften, wobei dem genossenschaftlichen Gebrauch stets der Vorrang einzuräumen ist.

Weil gegenüber dem privatrechtlichen Gebrauch der Vorzug einzuräumen ist und gleichfalls die Selbstbewirtschaftung ebenfalls vorrangig behandelt werden sollte. Weil eine gemeinsame Nutzung stets den nützlichsten Gebrauch darstellt.

Parteibuch-Bewirtschaftungen sind gänzlich eine Absage zu erteilen, weil sie meist ohne eine fachmännische Verwaltung auskommen.

Deshalb ist diese Aufteilung in fachkompetente Abgeordnete der Verwaltungsschulung oder mit berufsspezifischer Ausbildung von oberster Priorität bei einer Entscheidungsfindung. Sie sollten bei allen verwaltungstechnischen Erfordernissen beteiligt sein.

Siehe Aufteilung von Abgeordneten in PPA (politpolitischer AbgO), ohne entsprechende Qualifizierungs-AbgO und VVA (Verwaltungsgeschulter) beziehungsweise Berufsqualifizierter AbgO – in Fachausschüssen sollten Berufsqualifizierte AbgO immer einen Anteil von über 50 % haben.

Deshalb ist es so wichtig, Kandidaten aus allen beruflichen Sparten zu finden und aufzustellen.

Eine politische Betätigung muss aus vorgenannten Gründen seriöser und korruptionsfreier aufgestellt werden, damit die politische Arbeit in der Allgemeinheit einen höheren Stellenwert erlangt als das bisher der Fall ist.

Allgemein: Falls Gegendarstellungen von einschlägigen Seiten vorgebracht werden, sind diese auf ihre Hintergründe zu untersuchen und eventuell mit einer vorurteiligen Beurteilung ad absurdum zu führen, heißt, zu entlarven.

Zum Beispiel zeitgemäße Behauptungen und Kampagnen über die Nahrungsergänzungsstoffe oder die homöopathische Behandlung sowie naturbelassene gesundheitliche Behandlung aus natürlichen Ressourcen, welche sich auf jeden Fall nebenwirkungsfreier gestalten als pharmazeutische Erzeugnisse, weil sie ihr Umfeld nicht verlassen haben und sie zur Heilung mitunter wesentlich besser beitragen können. Berlin macht den *Anfang*: Es wird KEIN GRUND und BODEN mehr verkauft!

19 - 11 **A-/-C** ***Formen.*** *Publik* machen: Gemeinde-Verwaltungs-Objekte als eigene Betreiber =

A) Gemeinde/Stadt etc.

B) als private Betreiber

C) als genossenschaftliche Betreiber.

Von allen dreien ist C) zu bevorzugen!

C) aus A) und B) zusammengesetzt oder nur aus B). Der Genossenschaftsgedanke ist in jedem Fall zu forcieren.

zu C) (wenn aus A) und B)) ist A) bis zu 49 % maximal zu beteiligen, B) mehr als 51 % oder nur aus B) bestehend.

Abstimmungen in C), wie parlamentarische Abstimmungsgewohnheiten, über 2/3-Mehrheitsbeschlüße und über 1/3-Vetobeschlüsse!

Was die Mitwirkungsgemeinschaft betrifft, schenken wir das Vertrauen uneingeschränkt bei Aufnahme in die HuBB/HDeK. Wird jedoch das Vertrauen enttäuscht beziehungsweise werden unzutreffende Angaben gemacht, erfolgt unmittelbar und ohne weitere Prüfung die Abstufung. Das heißt, ohne Abstimmungsrechte in Versammlungen und somit ohne Funktionsrechte in die Mitwirkung zur HuB, indem die Verbundenheit zur Humanität weiterhin Bestand hat. Nach einer dreijährigen Bewährung: Wiederaufnahmeversuch.

19 - 11 - **A** ***Allgemein***. Der *Reformgedanke* ist in breiter Front durchzuführen, in Richtung einer Gemeinschaftlichen Humanitären Volksgemeinschaft in überwiegend freier genossenschaftlich-wirtschaftlicher Betreibung aller Gepflogenheiten.

Der Grundgedanke, eines schweizerischen (CH) Gebrauchs liegt, der Mitsprache eines jeden Kantons, eines jeden Bürger‘s, hiermit zugrunde. Darüber hinaus das HuGG (Humanitären „Grund-Gesetz“) neben dem BGB und dem GG eines Staates unterliegend und gerecht werdend.

Das kommt dem allgemeinen Trend zugute, weil Einzelbetreiber einer Firma etc. immer seltener werden, ebenso wie eine gemeinschaftliche Nutzung des Stiftungswesens. Stiftungsbetreiber (SB) können in Genossenschaften integriert und bis max. 49 % an einer einzelnen Genossenschaft beteiligt sein. Das Radnabenprinzip!

Das Rotationprinzip ist im Genossenschaftswesen am ehesten zu praktizieren und gewährleistet eine stetige Betreibung wirtschaftlicher Betriebe auch als Konzernstruktur. Zum Beispiel in einer gesamten Branche, vorausgesetzt sie bedient sich eines wirtschaftlich-parlamentarischen Abstimmungssystems der 2/3- zu 1/3-Mehrheit und des Radnabenprinzips.

Somit können überregionale (globale) Betriebe/Firmen entstehen, welche den wettbewerblichen Voraussetzungen entsprechen können. Das Verfahren ist mithilfe des Kartellamtes und der „HuGG als Kartellbehörde“ durchzuführen.

19 - 11 **A-/-D *Definition des Weltbürgers. Weltbürger*** ist *derjenige,* welcher sich zu *Ordnung, Recht und Gesetzen* seines Landes verpflichtet und in anderen Ländern respektiert und beachtet wird.

Dabei haben Religionen ihre eigenen Gottesgesetze und Gebote. Sie sind somit ein wichtiger Bestandteil jedes Staatswesens.

Die Humanitären halten sich an ihr ‚ETHOS' und sind hierdurch als Staats- und Weltbürger qualifiziert.

In einem Staatswesen ist es von ungeheurer Wichtigkeit, dass seine Bürger gewillt sind, einen gesitteten Verhaltenskodex einzuhalten.

19 - 11 - **A *Präambel + Vereinszweck*** für die Humanitäre Gemeinschaft und Humanitäre Gesellschaft:

Das ***‚HuGG'*** §§ 1

(1) Die Menschenwürde ist für jedermann unentbehrlich und vom Staat zu garantieren.

(2) Die Meinungsfreiheit ist unverzüglich wieder einzufordern.

(3) Die Freiheit des Glaubens ist unentbehrlich und unverzichtbar

aufgrund menschlicher Denkweise.

(4) Humanitäres ETHOS ebenso, zur Abgrenzung gegenüber

dogmatischen Glaubensbekenntnissen und stattdessen einer eigenständigen Gemeinschaft.

§§ 2 - Mitwirkende *favorisieren* in vorderster Linie den genossenschaftlichen Gedanken und beteiligen sich an Unternehmen, welche ausschließlich mit Genossenschaftsprinzipien arbeiten.

§§ 3 - Sie *unterstützen* uneigennützige Unternehmungen, wie Wikipedia, abgeordnetenwatch.de oder openpetition.de, change.org, Ingerit (Indogermanitalic), Greenpeace, Sarah Wiener Stiftung und Andere. Und meiden, wenn möglich, Unternehmungen, welche dominant und vereinnahmend auftreten, wie Google, Microsoft, Facebook etc.

19 - 12 - **C** Aus doktrinären Strukturen entlassen, was NUN? ***Totale Freiheit*** kann es nicht geben. Ein Minimum an Bürgerpflicht ist geboten und Engagement ist für einen Staatsbürgerstaat umso wichtiger. „Demokratie ist die schlechteste aller Staatsformen, ausgenommen all dieser anderen, die man von Zeit zu Zeit ausprobiert hat" Zitat: Frank Pöpsel.

Demostie funktioniert nur, wenn jeder Bürger das möchte, funktioniert nur von unten, von der Basis her, ansonsten herrscht die Volksdiktatur unter dem „Deckmantel" einer angeblichen „Demokratie".

Deshalb ist jeder Bürger gefordert, seinen Beitrag zu leisten. Fängt an bei der Wahlpflicht und so fort.

Falls der Staatsbürger am Kommunalen (Verwaltungsaufgaben seines Ortes) sowie an innen- und an außenpolitischen Entscheidungen kein Interesse zeigt, wird über „seinen Kopf" hinweg entschieden.

Das heißt, es müssen Maßnahmen eingeführt werden, um die Bürgerpflichten einzufordern. Es kann nicht sein, dass viele Bürger glauben, wie die Made im Speck leben zu können, ohne auch nur einen Finger dafür krummmachen zu müssen.

19 - 12 - **D** ***SAWE/FAHS***. Wir kreieren den *Mythos* des würdigen, ethisch-achtbaren menschlichen *Verhaltens*. Wer sich sinnvoll und ethisch sowie fair und sinnmachend verhält, ist unserer humanitären *Gesinnung* würdig.

So soll unsere *Begrüßung* dies ausdrücken: ‚Sei SAWE' und unsere Verabschiedung dies gewähren: ‚Bleib FAHS' beziehungsweise: ‚Seien Sie Sawe' und ‚Bleiben Sie Fahs' oder leger: ‚SAWE' und ‚FAHS' .

Ein *Minimum* an Bildung und *menschlicher Würde* kann das bewirken. Es gilt als Voraussetzung für menschliches Dasein und Anstand für dieses geschenkte irdische Leben – anknüpfend an die Menschliche Qualität (MQ). Das Humanitäre LeX ist unser Kodex, unter welchem wir uns nicht verkaufen, sondern für ein menschenwürdiges Leben einstehen.

19 - 14 - C - ***Bürgerpflichten***:

A) - *Wahlpflicht*

- Gedanken über die *Tagespolitik* für eine eigene Meinung
- Wahl des *Einkaufs*: Wo und welche *Nahrungsmittel* man einkauft
- Bürger-ETHOS, siehe *Humanitäres Ethos*
- *Pflichten* gegenüber der Gemeinde: *Gedanken* zu örtlichen Belangen, wie Sauberkeit etc., *Pflichtbefreiung* gegen Bezahlung (höhere Mietkosten)
- ehrenamtliche Tätigkeiten übernehmen, wenn geistige, körperliche und bildungsmäßige Voraussetzungen vorhanden sind
- Keine Drückebürgerei! Sondern verantwortungsvolle Lebensgestaltung gegenüber Partner, Familie, Kindern, Gruppen, in Vereinen, in Organisationen, in Gemeinde, Stadt, Land und als nationaler Bürger eines Staates und darüber hinaus als Weltbürger. Es ist Verantwortung gegenüber allen Mitmenschen zu übernehmen, wenn auf der anderen Seite des Globus ein Mensch meine Nahrungsmittel erzeugt für mein eigenes Wohlbefinden, zum Beispiel Bananen, Kaffee, technisches Gerät etc.

B) - *Rechte* und *Wünsche* des Bürgers/Einwohners gegenüber der Verwaltung einer Gemeinde:

C) - Wofür zahle ich meine Steuern?

- Gemeinde/Bürgerverwaltung
- Ort/Stadt/Land/Bundesverwaltung

- Organisationen des Staates, um Bürgerrechte zu garantieren

D) - Wie Fehlleistungen der Bürger / des Staates?
- Bildungseinrichtungen, Vermeidung von Sprache in Wort und Schrift!
- >> Dafür: - unabdingbare Einrichtung
- >> Alles in Schriftsprache zu erledigen und somit bei schulischer Bildung unabdingbar!
- Zum Beispiel Mengenlehre und Bildersprache der Urmenschen haben zusätzlichen Bildungsgrund und sind als Objekte der Unterrichtung zu unterbleiben. Die Vereinheitlichung des sprachlichen Gebrauchs, mit der man alles regeln kann, hat *einzige Priorität*! Und hat in der *Unterrichtung* als *alleinige Form zu erfolgen.*

19 - 15 **A**-/-**C** Welche **Rechte** habe ich als Bundesbürger?

- Dürfte durch verwaltungsrechtliche Maßnahmen geregelt sein.

Welche **Pflichten** habe ich als Bundesbürger?

- Sich an der Wahlpflicht zu beteiligen, ist die einfachste Übung.
- Tagesgeschehen, Mitdenken, denn gute Entscheidungen bedürfen der Bedenkzeit.
- Sich in Gruppen (ab zwei Personen) und in Vereinen zu engagieren, erfordert geringsten Einsatz.
- Ehrenamtliche Tätigkeiten zu übernehmen. Nicht jede Aufgabe eines Bundesbürgers lässt sich über Bezahlung regeln. Erfordert Engagement mit kleinerer oder größerer Disziplin.

Sobald die Bundes-Bürger-Regeln zu übernehmen sind, haben Bürger auch das Recht, Rechte des Bundesstaates zu erhalten, aber ebenso die Pflichten auszuüben.

Wird dieses Minimum an bürgerrechtlicher Einbringung missachtet, ist es nur gerecht, über einschneidende Maßnahmen nachzudenken.

Als *Schlusswort* wäre zu bedenken, dass alle staatsrechtlichen Maßnahmen bundeseinheitlicher Überwachungssysteme zu verurteilen sind und der Bevormundung eines Staatsbürgers zu widersprechen ist. Derartige Maßnahmen haben somit zu unterbleiben und sind ebenso vom Bundesbürger zu maßregeln.

Nur ein verantwortungsvoller Staatsbürger hat die volle Wertschätzung beider Seiten verdient und ist würdig, sie in Empfang nehmen zu dürfen beziehungsweise sie zu erwarten, um die Gewährleistungen aus Händen des Staates zu empfangen.

FAZIT: Der Mensch will nicht bereit sein, dem Fortschreiten einer Krankheit entgegenzuwirken! Ganz gleich, ob in persönlichen wie auch in gesellschaftlichen Bereichen.

Mögliche Verhaltensweisen sind zu ändern oder gar Gegen-Maßnahmen mitzutragen.

Das ist der Volksmasse entgegenzuhalten und Änderungen sind hiermit einzufordern, denn schließlich geht es uns alle etwas an, was der andere tut oder unterlassen könnte.

Ehrenamtliche Tätigkeiten:

Dürfte der Staat finanzielle Einbehalte geltend machen können!

Denn wenn keine Übernahmen ehrenamtlicher Tätigkeiten mehr stattfinden, müssen sie durch Bezahlung geregelt werden.

Das erfordert also eine absolute Einflussnahme des Staates, zum Beispiel für Feuerwehren etc. Siehe Berufsfeuerwehren!

Siehe Ehrenamtlicher Soli (EASO)! Man könnte somit die Soli-Steuer ummünzen in die EASO-Besoldungs-Steuer.

Ehrenamtliche Solidaritätssteuer. Alle ehrenamtlich Tätigen sind von der EASO befreit!

Von allen Einkommensgruppen, ob privates Einkommen oder staatliches Einkommen, wie Renten etc., ist die EASO-Besoldungs-Steuer einzubehalten.

Denn gerade Rentner haben Gelegenheit, EA-Tätigkeiten auszuführen.

19 - 16 - **A *FF/O Das „Silicon Valley Deutschlands“*** [SVD]

Mit w.g.w. ‚Winter-Garten-Web oder ‚World German Web‘!
Zur Gründung einer IT-Verwaltung.
Kapital 100.000 Euro aus Spenden oder von der Bundesbank.
„ODER-ELBE-DONAU“
FF/O INFENION Ungarn, Sitz des Netzwerks
Gründerkonsortium: Die Humanitären, Bewegung und VEREINE:
DHB e. V.; HuGem, HuBB-ALGE und HdeK oder andere Organisationen!

19 - 16 - **A *Bürgerpflichten*** >

1) Gedanken machen zum Tagesgeschehen
2) Gruppen bilden, ab zwei Personen bis zu Vereinszugehörigkeit
3) der Wahlpflicht nachkommen, lokal oder per Briefwahl
4) ehrenamtliche Tätigkeit[4] ausüben; wer keine ausübt, zahlt EASoli (umfunktionieren des Soli für „NBL“[5]) zum EASO.

19 - 16 **A**-/-**C *Staatsbürgerrechte*.** Diese werden von den kommunalen Einrichtungen geliefert beziehungsweise bereitgehalten.

Staatsbürgerpflichten hingegen werden durch Sie selbst eingegangen:

(1)*Mitdenken* über das *Tagesgeschehen,* die „Tagespolitik“ sozusagen
(2)*Gruppenbildung* von mindestens zwei erwachsenen Personen sich befleißigen, der *Gruppenzugehörigkeit in w*eitere, größere, wie Vereinen;

4 Nicht alle Tätigkeiten sind bezahlbar, wie freiwillige Feuerwehr und andere.

5 Das heißt, alle zahlen EAS und diejenigen, welche EA-Tätigkeit ausüben, bekommen ihn vom Finanzamt erstattet.

(3)*Wahlrecht-Ausübung*, jederzeit, ob bei politischen Wahlen oder im Supermarkt, bei jeder Entscheidung, welche Sie treffen müssen

(4)*Ehrenamtliche Betätigung*. Nicht alle *Tätigkeiten* sind über Bezahlung zu leisten. Man kann selbige über den ehemaligen Solidaritätszuschlag dergestalt regeln, dass jeder den „Soli" bezahlt, auch Rentner. Derjenige, welcher eine ehrenamtliche Tätigkeit eingegangen ist, braucht keinen „Soli" zu zahlen, wird vom „Soli" befreit!

19 - 16 - **C *Schluss*** mit *Parteienwirtschaft*. Letztes Beispiel: BER–BERLIN: vor 13 Jahren Baubeginn! Kostet den Steuerzahler ein Vielfaches dessen, was eine Ausführung unter fachkompetenter Leitung gekostet hätte. Anstatt zweier oberer Partei-Buch-Freunde einer einzigen Partei!

Keine Regierungsverantwortung einzelner Parteien! Sie wirtschaften das Land kaputt!

NUR NOCH Parlamentarisches in Zwei-Drittel-Mehrheitsentscheidungen. Von Abgeordneten aus 1,67 prozentualem Parteien-Wahlrecht. Mit Ein-Drittel-VETO-Entscheidungen.

19 - 16 **A-/-C** Grundsätze zu EASO (***Ehrenamtlichen Solidaritätszuschlag)***. Den allgemeinen *Soli* könnte man jetzt ummünzen in den EASO! Und nicht abschaffen! Das wäre eine sinnvolle Alternative zu dem bisherigen Soli.

Ehrenamtlich Tätige sind vom EASO befreit. So zahlen nur jene ein, welche sich nicht ehrenamtlich betätigen. Siehe auch Bürgerpflichten (4) der Humanitären!

Ein weiterer *Meilenstein* wäre die Einführung einer sogenannten *„Mini-Insolvenz"* für säumige Zahler, welche die Grundbedürfnisse des Lebens nicht erfüllen möchten. Das heißt, ihnen wird das Geld einbehalten, welches sie für die *Grundbedürfnisse* zu erfüllen hätten, nämlich Wohnen! Für Wohnungsmiete, Strom und ZDF-Gebühr!

Außerdem könnte eine Mehrwertsteuer-Erstattung für lebensnotwendige Einrichtungen erfolgen und zwar über das Finanzamt.

19 - 16 - **C** ***EASO-Steuer*** auf alle Einkommen, auch für Rentner. Wer keiner Beschäftigung nachgeht, also keinen Abrechnungspartner/Arbeitgeber hat, bekommt seine EASO vom Finanzamt bei der Steuererklärung erstattet. Gilt für alle, die einer EASO-Tätigkeit nachgehen.

Ebenso bekommen Mindereinnahmen-Empfangende ihre Anschaffungsmehrwertsteuer für lebensnotwendige Geräte, wie Herd, Kühlschrank etc., erstattet.

19 - 16 - **C** ***Russland*** zahlt der *Ukraine* einen angemessenen Preis für die Annektierung der Ostukraine und der Krim.

Dafür stimmt die Ukraine der Annexion zu. Völkerrechtliche Probleme müssen auf friedlichem Wege gelöst werden.

Die kontinentalen Probleme können sonst nie gelöst werden, wenn Staaten versuchen, ihre territorialen Besitzansprüche auf unbestimmte Zeiten zu vertagen.

> Jedes europäische Land hat den nahezu gleichen Problemlösungen zuzustimmen beziehungsweise diese anzuerkennen, um zu einer Friedenslösung zu gelangen. Ohne diese Lösung von Gebietsansprüchen gegenüber europäischen Staatengebilden würde es sonst nie zu einem europäischen Konsens der einzelnen Föderativen Staaten Europas kommen.

19 - 16 - **C** Das ***heutige Russland*** liegt auf dem europäischen Kontinent und wird als solches an den Föderativen Staatenbund Europas heranzuführen sein. Schon, um aus Kontinental-Europa einen ebenbürtigen Partner der Weltmächte zu kreieren und die ehemaligen „Feind"-Seligkeiten und Annexions-Ansprüche ein für alle Mal zu beenden.

Schon zum Gedenken an die Millionen Opfer, welche für diesen Größenwahnsinn geopfert wurden, ist ein Einlenken erforderlich. Ebenso um abermalige „Feind"-Seligkeiten zu unterbinden.

19 - 17 **A**-/-**C** Zu HuGG, ***Humanitären Vereinen***. Wir haben uns vorgegründet. Füllen Sie *unsere Gemeinschaft* mit Leben? Damit alle davon profitieren können. Mund-zu-Mund-Propaganda ist die *beste Erweiterung*, weil alle etwas davon haben, letzten Endes auch Sie selbst durch eine Wähler-Prozentuale-(Option). Für jeden zum Wählen: Natur und Mensch, Humanitäre Gemeinschaft oder Volksgemeinschaft.

19 - 17 **A**-/-**C** ***100 Jahre*** nach dem Zusammenbruch des Kaiser*reichs* existiert immer noch kein echter *Friedensvertrag* zu echten Bedingungen aller Seiten! Und trotzdem muss ein Vertrag zu fairen Bedingungen für alle Seiten gefunden werden.

> Zu Föderativen Staaten Europas? Reicht nicht aus! US-Amerika müssen da mit in's Boot! Ein unnützes Unterfangen! Niemals werden sie irgendeinem demokratischen Vertrag oder Frieden zustimmen > > hoffnungslos, dies zu hinterfragen.
> Darum müssen wir, die Europäer, unsere eigene Antwort finden, um auf dem europäischen Kontinent Ruhe und Ordnung, ja Ordnung und Frieden zu finden, indem wir uns aus der Alliierten-Fessel befreien und zurückkehren, nein Aufbrechen, zur Selbst-Mächtigkeit Europas.

Die UN müssen in einen „neutralen Staat" umziehen!

Seien Sie Sawe, Seien Sie menschlich. Wir sind es auch, die Menschenwürdigen, nämlich humanitär, human = menschlich.. Wir nennen uns nicht umsonst: ‚Die Humanitären'.

19 - 18 - **C** Den ***Vorstoß*** des Bundeskanzlers Austrias, Herrn Kurz, begrüßen wir. Ganz besonders zum Umbau Europas, zur *Abschaffung* „Straßburgs".

Das EU-Parlament deeskaliert, die Föderative Nationalstaatlichkeit der EU-Staaten und erhebliche Minderung der Kosten.

19 - 20 - **D** ***Im Gruß*** liegt die *ganze Wahrheit*: Sei (Seien Sie) Sawe, Bleib (Bleiben Sie) Fahs.

Sinnvoll, altruistisch, würdig und ethisch sowie fair, uneigennützig, human, *sinnmachend*.

Kneifen Sie? Ist das gerecht?

Wir könnten für Sie die „schmutzige Politik“ sauberer machen, indem Sie uns mit unseren Visionen in den Landtag, in den Bundestag, ins Parlament brächten.

Aber wo stehen Sie dann? Abseits?

Das ist nicht fair und nicht gerecht und Ihrem Bürgersinn gemäß nicht menschlich!

Nehmen Sie sich in die Hand, fassen Sie sich ein Herz und zeichnen Sie. Wir fördern Sie. Wenn sie uns die Stimmen geben, setzen wir uns für alle Bürger ein. Nur Ihre Bürgerpflichten sollten Sie einhalten, ja? Danke.

19 - 21 - **A** *Präambel* zum ***Grundgesetz***, siehe auch TV, nur für eine Übergangszeit bis 1989. In freier Selbstbestimmung die Einheit und die Freiheit Deutschlands zu vollenden.

> Mein/unser Interesse, das Interesse der Humanitären Vereine: ein Internationaler Friedensvertrag Europas!

70 Jahre GG in 2019. Das GG muss stabil bleiben, darf nicht geändert werden. Wir werden uns ändern müssen und unser Staat insbesondere. Was bisher geschah? *Es wurde 70 Mal geändert*!

Nur *flexible Staaten*, die sich den Anforderungen anpassen, haben langfristig Überlebenschancen. GSE*10*, *Brief, Post, Fernmelde-Geheimnis* unverletzlich!

> Die *digitale* Welt verhindert zusehends das Element des GG. Es muss Einhalt geboten werden < (Zitat von Boehm).

Freizügigkeit: Europa (EU) muss mehr für die *Außengrenzen* tun!

Freizügigkeit nur innerhalb Europas.

Sechsundzwanzig „Angriffskriege“ sind *verfassungswidrig* (zum Beispiel siehe Politisierung eines „russischen“ Angriffes zu polarisieren plus Vertrauen in Deutschland zu hinterfragen). Das friedliche Zusammenleben der Völker ist zu garantieren.

19 - 21 **A-/-C** ***ASS – SKEPPINE-KULTUR.***

Eine Keltisch-Preußische-Ungarische-Austria-CH‘er-SprachKulturenartige-Ethische-Internationale Identität.

PHACHSKII (gesprochen: fachschi)

Auch Preußisch-Internationale-Identität [PII, pie]

mit SKEPPINE-KULTUR der nationalen Minderheiten Europas.

Wir verbinden nordische, mitteleuropäische und westliche Kulturen.

FAZIT: Nordisch-germanische, Spreewald-Sorbisch-Wendische, Schlesische (Slowakische) Ungarische, Österreichische, Schweizer (deutsch, italienisch, französisch) nationale Identitäten.

Wir erteilen der SUB-Kultur der europäischen Gleichmacherei eine Absage.

> EUROPA – JA – aber nur mit NATIONALEN IDENTITÄTEN.
> Plakat: NUR EIN EUROPA mit internationalem FRIEDENSVERTRAG!
> Und nur, wenn *nationale Minderheiten* Bestand haben!

19 - 21 - **C** ***EU-Wahlen*** zum Parlament.

Konzeption für 2024 des Europaparlaments. Als letzte Maßnahme kann es nur heißen: *Auflösung des EU-Parlaments* und keine *Neuwahlen*!

Straßburg ist weiterhin ein europäisches Haus, in welchem immer wieder europäische Treffen stattfinden können und welches dafür gebraucht wird.

„*Populisten*“ >Eine gefährliche Spezies<, welche sich auf Kosten einer volksfreundlichen Beliebtheit rühmen, jedoch nur in gemeingefährlicher Art, heute.

Die *Popularität*, derer sich einige Gruppierungen rühmen, ist jedoch sehr mit Bedacht zu genießen.

Wenn man von einer Mitte sprechen kann, sind jedwede Extreme ausgeschlossen, wie sie zurzeit in links- und rechtsextremer Natur vorherrschen. Es gilt, eine Balance der Mitte aufrechtzuerhalten. Eine Mitte besteht nicht aus dem obersten Scheitelpunkt, sondern ist eine Balance zum Mittelpunkt.

Als vor mehreren *hundert* Jahren an ein Europa nicht zu denken war, haben es die europäischen Länder und Reiche geschafft, die arabische Liga zurückzudrängen. Warum könnten wir heute nicht ebenso *verfahren*?

Mit gemeinsamen *Aktionen* sind wir schlagkräftiger, als wenn wir uns in unabsehbaren, vergeblichen Einigungsversuchen verzetteln.

FAZIT: Kein ständiges EU-Parlament, sondern konföderative Treffen und Abstimmungen. Dazu dient unser Straßburger „Parlaments"-Gebäude.

Bei föderativen Treffen der EU-Länder wird es notwendig sein, für gezielte Ergebnisse zu sorgen, indem Marathon-Sitzungen anberaumt werden. Derart, dass einzelne Gruppen immer im Parlamentssaal verbleiben und diskutieren.

Wenn alle Gruppen eine „Einzelschlacht" ausgefochten haben und wenn alle Gruppen reihum durch sind, wird ein letztes Mal gemeinsam abgestimmt. Dafür werden 48 Stunden vorgesehen – einschließlich der Start-Sitzung. (Alte EU-Sperrklauseln bei 0,433 und 0,654 % der gültigen Stimmen.)

19 - 21 **A *Internationalität*** ja, nur wenn die nationale IDENTITÄT bewahrt wird. Ohne nationale Identität kein gesellschaftlicher Bestand.

Begriffe zu verwechseln heißt, die *Identität* aufzugeben. Das führt schließlich dazu, sich selbst nicht wiederzuerkennen und führt zur *Selbstaufgabe*. Ohne dass ich weiß, woher ich komme, weiß ich schließlich nicht mehr, wohin ich gehen kann und gehen sollte.

Nur Narritätentum, Das!

Wer die *Naturgesetze* missachtet, den belehrt die Natur *eines Besseren.*

Geklonte „Menschheit“ kehrt zurück zu ihren „rassistischen“ Ursprüngen. Jeden menschlichen Eingriff hebt die Natur letztlich wieder auf.

19 - 21 **A** Die *ganze* ***Nation*** zum Opfer gefallen?

Wie viele Narren verträgt eigentlich eine Nation?

Kann die „CH“ durch Migranten gerettet werden?

> Was für Horrorszenarien müssen eigentlich noch von Intellektuellen erfunden werden, um die Erdbevölkerung zu retten?

1) Wachstum benötigen wir schon gar nicht.

2) Inflation ist die gefährlichste Seuche des erworbenen Wertes.

3) Arten- und Ressourcen-Vernichtung gehen mit Industrialisierung und Unvernunft des Verbrauchs einher!

4) Die Süß- und Trinkwasserspeicher der Erde, Gletscher und Regenwälder, Permafrost-Gebiete werden entleert.

Was übrig bleibt ist die Kahlschlag-Wüste und die Zeit der Tsunamis, der Hurrikans und der Verwüstungen des gesamten Erdballs.

Wer glaubt, man brauchte nur eine andere Erde irgendwo im Weltall zu besiedeln, IST GÄNZLICH auf dem Holzweg.

> *Was bleibt, ist nur der Büßerweg zur eigenen Steinigung und der Kasteiung* der Mäßigung, wenn das Maß aller Dinge überschritten ist.

19 - 21 **A** ***Migrations***-„*Politik*“ ist deshalb ein Verbrechen gegen die europäische Urbevölkerung, weil sie Mendels Vererbungslehre unberücksichtigt lässt und ein zwischenmenschliches Leben in Gerechtigkeit und Aufrichtigkeit unmöglich macht.

Von Menschen gutgeheißen, welche von den Vererbungsregeln der Tier-, Mensch- und Pflanzenzucht eines Charles Darwin und Gregor Mendel keinen blassen Schimmer haben.

> Die lediglich einem Rachefeldzug unwahrscheinlichen Ausmaßes entsprungen sind. Menschen ohne Geschichtsbewusstsein sind die Opfer dieses unseligen Feldzuges gegen die Menschlichkeit ungeheuren Ausmaßes. Man gibt sich einer Ahnungslosigkeit preis, welche die Menschheit in ihrem Ausmaß nicht im Mindesten einzuschätzen weiß.

Die *Fassungslosigkeit* ist so enorm darüber, wie sich Menschen dieser brachialen menschlichen Urgewalt verschrieben haben. Und nicht die geringsten ursächlichen Zusammenhänge begreifen und bereit sind, sich Gedanken zu machen. Sondern in die brutale Falle hineinstolpern und in ihr gefangen sind, ohne ihr perfides Ausmaß je zu erfassen.

19 - 22 **A** Jede ***Begegnung*** mit Menschen, welche eine gemeinsame (Mutter-)Sprache ihr eigen nennen, ist eine Bereicherung und eine ergänzende Lebensgestaltung, die eigentlich nie als beendet erklärt werden kann.

19 - 22 **C** Fehlgeleistete ***Subventionen***. Wenn Subventionen subversiven Einrichtungen zukommen, sind sie fehlgeleitet und müssen unverzüglich zurückgenommen werden.

A) Weil der *Steuerzahler* unnötig belastet wird. Keine Steuersenkungen möglich!

B) Weil *therapeutisch* unnötige oder sogar gegen die Umwelt steuernde Vergünstigungen getätigt werden.

C) *Gemeinnützige Organisationen* sollten alle zwei Jahre auf ihre Wirksamkeit beziehungsweise auf Gegen-Wirksamkeit ihrer Tätigkeit geprüft werden. Gegebenenfalls muss die Gemeinnützigkeit aberkannt werden, denn eine steuerliche Vergünstigung wirkt ähnlich einer Subventionierung.

19 - 22 **D** ***„Lebensvielfalt“*** notgedrungen, nicht dem eigenen *Triebe* folgend; *Heimat* ist das nicht:

Heimat ist anders. *Heimat* ist dort,

wo heimische *Klänge der Sprache* zu hören sind.

Wo die *Melodie der Muttersprache* zu hören ist.

Dort ist Heimat, dort fühl ich mich zu Haus‘.

Dort bin ich aufgewachsen, wo der *Dialekt*

und der Klang der Muttersprache zu hören ist.

Dort bin ich zu Haus‘, nirgendwo sonst.

19 - 22 **C** Wenn es so sein wird, dass ***alle parteilichen Gruppen*** im friedlichen Wettstreit konkurrieren, dann, ja dann werden die Parlamentarischen Demostien erreicht sein. Mit den Volksgemeinden der Nationen Europas, mit Esperanto [= ohne Organisation] als der gemeinsamen Amtssprache *EUROPAS* BEZIEHUNGSWEISE INGERIT (Indogermanischitalisch) als gewachsene Sprache des geschriebenen wie gesprochenen Sprechweisen-Ausdrucks!

19 - 23 **B** Philosophische ***Kurz-Essays*** und doch so allgemein wie nur möglich. Wenn jemand mich voll und ganz verstehen wollte, dann müsste er sein Leben mit mir als Zwilling verbracht haben.

19 - 23 **D** ***Ideelle Inhalte*** [IdIn] verbunden mit der MQ. Man kann Menschliche Qualität auch erlernen, sie ist nicht nur vererbbar! Siehe ALGE! LEGAWA.org.

19 - 23 **D** ***Warum gerade jetzt***?

Weil es den *Hundertjährigen Kalender* gibt!
Warum 100 Jahre *Weimarer Verfassung*?
Warum 100 Jahre *VHS Berlin-Brandenburg*?
Warum 100 Jahre Esperanto?
Warum auf 2019 das Geburtsjahr des *HuLecK*‘s fällt,

Darum, konnte es nur so *sein und werden*!

19 - 23 **D** Hat sich erst einmal eine ***Ideologie*** verfestigt, gibt es kein Zurück mehr. Sie wird leider für immer Bestand haben. So viele *Menschen*, so viele *Denkweisen* gibt es. Und so ist *alles besiegelt* und belegt.

19 - 23 **D** Gegenteilige ***Argumentationen*** lenken von der eigentlichen Ursache ab. Und man kann sie so gezielt einsetzen für schizophrene, pathologische *Wiederlegungen und Behauptungen*.

Wie es im *Migrationsprozess* der 2015/20er-Jahre und so weiter geschieht.

Geschieht es wie mit Ideologien: Sie sind einmal vorhanden und nicht wieder rückgängig zu machen. Man hat sein perfides Ziel erreicht.

19 - 23 **C** ***Pseudo***-*Subventionen*. Falsch subventioniert – ist nicht wiedergutzumachendes Terrain – verloren ist verloren.

Es gibt nicht so viele Subventionsgelder der Gegenrichtung.

> Es hilft nur Eines: Von Grund auf NEU beginnen! <
So viele *Therapeuten* kann es nicht geben, wie nötig wären, um verlorenes Terrain zurückzuholen [Kita-Vermächtnis].

19 - 23 **A** ***Fremde.*** *Warum* gibt es dieses *Wort* in unserem *Wortschatz*? Weil fremd ist, wer nicht zu unserer Familie, zu unserer Gruppe, in unser Dorf, unsere Gemeinde, unsere Stadt, unser Land gehört.

Er ist effektiv (noch) *nicht genug zugehörig.*

Was meint Ihr, wie lange schon dieses Wort in unserem *Sprachschatz* existiert? Ich würde meinen seit Urgedenken, seit der Mensch intuitiv das tut, was er für sein Überleben tun musste. Denn wer nicht zu unserer Sippe gehört, ist ein Fremder.

Wenn man nun die *Sprache* gänzlich *umdeuten* möchte, wie es im Augenblick von so vielen Seiten geschieht, dann kann nur etwas falsch sein: das *Bewusstsein*. Und wenn das Bewusstsein krank ist, dann sind es ebenso die, welche solches Gebaren an den Tag legen und nicht der „Normal"-Bürger!

19 - 23 **A** ***Sensibilisierung***. Es gibt dem Anschein nach nur falsche *Empfindlichkeiten*.

Wie Verfremdung, Richtungsmentalitäten und viele andere.

Kann es sein, dass man falsche *Prioritäten* setzt?
Eine Empfindlichkeit auf Durchbruch der Inneren Sicherheit?
An allen Ecken und Enden brennt es? *Solides Arbeiten und Tätigkeiten* sind völlig außer Kontrolle geraten.

Überall *Dammbrüche*, die man nicht mehr kontrollieren kann. Das *Haus brennt*, Löscher defekt. Man hat es nicht gelernt, Reparaturen durchzuführen.

> *Nur Produktion und Wegwerfmentalität.*
>> Menschen kann man nicht einfach entsorgen, wenn sie nicht mehr funktionieren und krank sind. <<
>> Wann beginnt ein sinnvolles Handeln und sinnmachendes Produzieren? <<

19 - 23 **C** ***Ehrenamtlicher Soli***. Alle zahlen ein, Befreiung durch das Finanzamt. EAS verbleibt *zweckgebunden*!

Gemeinnützige Organisationen überprüfen.

Keine ausländischen Verwendungen der Mittel zulässig. Ohne verwaltungsmäßige Überprüfung der Vergabe. Unbürokratisches Vorgehen bei Naturkatastrophen, denn diese sind von allen verursacht.

Ansonsten ist jedes Land allein verantwortlich. Hausgemachte Katastrophen sind auch allein zu bewältigen, außer übertragbare Krankheiten, wie Seuchen etc.

> Gemeinnützige Organisationen dürfen nur im Inland tätig werden. <

19 - 25 **C** Zum ***ersten Mal*** würde in deutsch-europäischer Geschichte eine Demostie / die Volksgemeinde mit Parlamentarischer-Regierungs-Form *WIRKLICHKEIT.*

Im Haus des deutschen Volkes, dem Reichstag, würde erstmalig der Hinweis:

„Dem Deutschen Volke“

in die Tat umgesetzt werden.

Wir formen die Bundesrepublik mit!

19 - 27 **A** Ein ***Umdenken*** muss her ...

Wussten Sie, dass *Klimaschutz und Klimawandel* bei Ihnen selbst anfängt?

Und nicht nur bei den *Großen*?

Fangen Sie bitte an *umzudenken.*

Sobald die „Masse“ sich anders verhält, besteht die Notwendigkeit, dass auch der „Große“ sich anders verhalten muss.

Also: kleineres Auto, schon gar keinen SUV, wenn er nicht beruflich notwendig ist.

Mit Fahrradtouren schaden Sie nur sich selbst und helfen niemandem. Außer ein paar Trainingsstunden, die Unfälle nicht gerechnet. Sondern Sie helfen den Großen Gelben, zu fahren!

Nicht NEUE Umweltgifte helfen Ihnen weiter, sondern sie sind die modernen Sargnägel des 21. Jahrhunderts.

Beschuldigen sie nicht andere. Sie KÖNNEN selbst am meisten dazu beitragen!

Man braucht kein großer Philosoph zu sein, um profane Dinge erkennen zu können. Nur gesunder Menschenverstand und Informationen, Informationen, Informationen und Lernen, Lernen bis ans Ende der Tage.

19 - 27 **C** Die wahre ***Volksregierung*** kommt!

Daran sollten wir alle mitwirken.

Visionen für Jahrzehnte und nicht heute hü und morgen hott!

Der Parteien-Poker-Pfusch muss ein Ende HABEN.

Wenn alle die Entscheidungen mittragen werden, haben auch alle die gleiche Verantwortung und sie will gut überlegt sein.

Am Beispiel ITALIENS erkennen Sie, dass DRAGHIS nicht helfen!

Sondern lediglich REDUKTION! Wie IRLAND, PORTUGAL und GRIECHENLAND es beweisen. Zum ersten Mal könnte es dann wirklich heißen: „*Dem Deutschen Volke*", was am Reichstag sichtbar eingraviert ist.

19 - 27 **C** Es heißt: Das ***Parlament*** regiert. *Regiert* wirklich das Parlament? NEIN!

Nur bei Parlamentarischer-Regierungs-Form!

Und die haben wir nicht.

Wir haben die Parteien- / Oppositions-Regierungs-Form.

Deshalb BÜRGER, errichtet die All-Parteien,

die Parlamentarische-REGIERUNGS-FORM mit uns!

WÄHLT HUMANITÄR: ***H D e K***

Erschafft die ERSTE ECHTE VOLKSREGIERUNG als überparteiliche Regierungsform. Schluss mit „Parteien-Misswirtschaft"!

19 - 27 **C *Verweigern*** heißt davonstehlen!

Fahrer- oder Politikflucht wird bestraft!

Was wollen Sie? Geld- oder Gefängnisstrafe?

Wer gar das Leben, die Existenz seiner *Vorfahren* verleugnet, gibt sein Leben zurück! Ab ins Meer und nie wieder zurück!

Genauso wird verfahren. Wer seine *Identität* aufgibt, der gibt seine Staatspapiere und sein Mandat ab!

Wir haben keine andere Wahl.

19 - 28 - **D** Die Vorverurteilung, das ***Vorurteil***, ist mit das schlimmste *Vergehen*, das man seinen *Mitmenschen* antun kann. Drehen und wenden Sie deshalb jedes oberflächliche Argument, damit es nicht erst zur *Verurteilung* kommen kann.

19 - 28 C ***Ehrenamtliche Tätigkeiten*** als *Solidaritätszuschlag EAS* verbunden mit effektivem Altruismus als soziale Bewegung und Philosophie in Wikipedia.

19 - 28 **A** Ich glaube, dass die ***Allgemeinheit*** sich dessen nicht bewusst ist, dass, wenn private und handwerkliche Tätigkeiten nicht den kostendeckenden Preis erzielen können, alles den monopolistischen Kollektiven zugeschanzt wird und keiner *privaten Initiative* Raum verbleibt. Dass der Industrienahrung und massenweisen Ideologie-Bestrebungen der Raum überlassen wird.

19 - 28 **D** ***Kosten***, *Drittelung*: (A) ein Drittel die Miete, Wohnkosten

(B) ein Drittel andere feste Kosten
(C) ein Drittel flexible Lebenskosten
zu A) staatliche Maßnahmen zur Begrenzung
zu B) technische und humanitäre/gemeinnützige Kosten
zu C) Leben, Kleiden, Gesundheit etc.

19 - 30 *A*-/-**D** Sinnvoll ***Leben***, sinnmachendes Konsumieren und Investieren

Das HuLecK's – *Humanitäres Leben*, menschenwürdig, im ***HuLeBB.***

Das trifft sowohl auf *Wohltätigkeitszwecke* zu als auch auf allgemeine Ausgaben.

Weniger Wohlstandsartikel, mehr für gesunde Ernährung einplanen.

Die gesamte „Discount"-Branche muss zur Bewusstmachung ihrer schädigenden *Preisdiktatur* gedrängt werden. Auch politisch, wenn notwendig.

19 - 31 **D *Ratio*.** Die *Vernunft* wird zu wenig eingesetzt. Als Folge einer verminderten emotionalen „Erziehung“, welche zur Zeit überhaupt keinen Platz in der post-modernen Zeit zu haben scheint?

Ohne ‚emotionale‘ *Erziehung* leidet auch die rationale Entscheidung des *Vernünftigen*.

Eine *Umkehr* scheint unumgänglich. Nach derzeitigen Auswirkungen ist eine Rückkehr zur emotionalen Erziehung unumgänglich. Denn auf ‚Emotionen‘ ist in der Gänze der Jahrhunderte zu wenig Wert gelegt worden. Es gab Perioden, in denen emotionale Arbeiten in Autoren-Arbeiten vorhanden waren. Aber selbige werden in der post-modernen Zeit vollständig außer Acht gelassen, was man als einen großen Fehler erkennen sollte.

Die emotionale Erziehung ist vordergründig wieder einzuführen und zu pflegen. Wenn der Unvernunft der Ratio ein zu breiter Raum eingeräumt wird, wie derzeitig, ist die Menschheit auf einem desaströsen Weg, der unumgänglich zum Fiasko führen muss.

Gefühle und Arbeitstechniken des Geistes, wie „schauspielerische“ Techniken, die Technik der geistigen Arbeit sowie eine sprechtechnische Ausbildung für fehlerhafte Erziehungsbetätigung sind als wesentliche Aufarbeitungen für eine gesunde geistig-technische Entwicklung eines menschlichen Wesens vonnöten.

19 - 32 **A** Lasst die ***VHS*** nicht sterben! *Runter* mit den *Preisen*, Preise wie vor *50 Jahren*! Einführungskurs frei oder für einen symbolischen Euro! Sowie Kurse ebenfalls pro Doppelstunde ein Euro. Ein Kurs maximal 12 Euro!

Bildung muss bezahlbar sein! Nicht nur für Studenten. VHS-Preise drastisch senken. Sonst stirbt die VHS und der *Bildungswille*.

VHS steht für *Grund- und Weiterbildung* und ist kein Workshop-Unternehmen.

19 - 32 **A *Kommunen***. *Runter* mit den *Gebühren* für die VHS.

>VolksHochSchule <
Die VHS gehört ALLEN.
Vor 50 Jahren kostete ein Kurs 6 DM und HEUTE?
Senioren, Erwachsene, Bildungshungrige, geht auf die Straße!
UND WÄHLT Humanitär, damit Ihr MORGEN
noch eine menschenwürdige WELT vorfinden könnt!

19 - 32 **A-/-C *Staatsbürger***. Es ist an der Zeit, dass wir *alle unser Schicksal* selbst in die Hand nehmen. Wir können es nicht nur einer Sorte von Menschen überlassen, über *uns alle* zu entscheiden.

So wenig, wie es richtig wäre, außer Betracht zu lassen, Jeder Betrachtungsweise von geistigen Richtungen auf Ihre Besonderheiten zu einer sinnvollem und sinnmachenden Ausführung zu unterbinden.

Die eine zu favorisieren und die andere vollkommen außer Betracht zu lassen, kann verheerende Folgen nach sich ziehen.

Deshalb ist es oberste und erste Priorität, alles auf den Prüfstand zu legen und erst danach zu entscheiden, was zu tun und zu befolgen ist, um *Prioritäten* setzen zu können.

Sowie das *Parlament* mitentscheiden soll, welche Richtung einzuschlagen wäre. Auch auf die Gefahr hin, dass „die Masse“ sich irrt.

Dann haben *alle* es so gewollt und man sollte es tunlichst vermeiden, einer bestimmten Seite die *Verantwortung* zukommen zu lassen oder sie ihr zu *entziehen* versuchen.

Den größten Tabubruch, den man hierbei begehen kann, ist jedoch der, dass man sich auf bestimmte Teile der Allgemeinheit verlässt, um politische *Dinge/Entscheidungen* tätigen zu lassen und sich andere Teile der Allgemeinheit gänzlich außerhalb von *politischen Entscheidungen* verhalten und glauben, keinerlei *Mithaftung* zu haben.

FAZIT: Wir stehen abermals an einem *Scheideweg*, wie zur *Weimarer Zeit*, der ersten Stunde, *um demokratische Wege* für ein Volk zu etablieren.

So fällt heute die Entscheidung darüber, wie *unsere Gesellschaft* sich den *politischen Strömungen* stellen will und sollte.

Von vorhandenem, sich als politisch unbrauchbar erwiesenem *Gedankengut* sollte man sich doch nun endgültig zu trennen versuchen und dessen *neoliberalistisches Auferstehen* tunlichst vermeiden. Jedoch haben die staatlichen ordnungspolitischen Eingriffe zur sozialen Marktordnung der Nachkriegszeit versagt. Bestes Beispiel: SPD-Minister Gabriel!

Anmerkung: Siehe Prof. Dr. Rainer Mausfeld's „Warum schweigen die Lämmer". (Buch).

Ansonsten gibt es keine Möglichkeit, der unentwegten Versuche, sich der Geltung-Machenden und -Verschaffenden genötigt zu sehen, endgültig zu verabschieden. Um eine vernünftige Ära, einer echten Volksgemeinde auf *parlamentarischer Entscheidungshoheit*, noch verzichten zu können und Ihrer *Einführung* zu tätigen, sich leisten könnte.

Historie: Wilhelm von Humboldt, „Ideen zu einem Versuch die Grenzen der Wirksamkeit des Staates zu bestimmen". 1792 > 1851 veröffentlicht.

Jedoch mit der *Einschränkung*, dass sich der Staat gänzlich aus kulturellen und wirtschaftlichen *Reglementierungen* und Belangen herauszuhalten hat.

19 - 33 **D** Es gibt keinen Gott und keine Götter, aber alles ist ***göttlich***. Das ist meine *Botschaft. Natur* und die Natur an sich sind göttlich. Alles *Göttliche* ist Natur.

> *Gott* kann es nicht geben, Gott ist *Menschenwerk.* <

Das zur Unterscheidung zwischen Glaubenskult und dogmatischer Religionshudelei.

Warum lässt sich der Mensch derart missbrauchen? – Weil er zum Glauben verurteilt ist, das zu glauben, was er noch nicht beweisen kann. Doch Vorsicht vor „wissenschaftlicher“ Glaubenshoheit.

Erfahrung und Wissen sind korrigierbar und ebenso zu gebrauchen, ansonsten entsteht „Aberglaube“.

19 - 33 **A** Das ***Aldi-Lidl***-Prinzip ist das *schmutzige Geschäft* der Preis-Diktatur auf Kosten des Erzeugers, um Geschäfte zu machen.

> *Boykottiert* deren Preisgestaltung! Lasst Produkte, von denen Ihr wisst, dass sie unter dem Herstellungswert liegen, einfach liegen.

Geht der Versuchung des billigen Preises nicht auf den Leim!

Butter zum Beispiel kostet in der Herstellung so viel, dass sie circa drei Euro kosten müsste. Bürger, informiert Euch bitte, wie die Produkte hergestellt werden. Fragt die Verkäufer, lasst nicht locker. Schließlich ist es vielleicht Euer eigener Job, der davon abhängig ist und letztendlich auch Eure Umwelt, welche davon abhängig ist, in einem Zustand der Nachhaltigkeit existieren zu können.

19 - 33 **C** Starke ***Persönlichkeiten***. Wir bedürfen starker Persönlichkeiten, jedoch keiner Diktatoren. Wenn die *Gesellschaft* durch Erziehung, Formung und Bildung derartiges schafft, ist die Welt in Ordnung zu bringen.

Frauen, Mütter, seht in Ihnen *eure Berufung,* die Ihr erfüllen könnt. Dann ist Euer *einzigartiger Wert* erfüllt.

> *Gegenseitige Schätzung und Lebenserfüllung* kann alles sein, was Euer Leben bereichern und erfüllen kann.

Schätzt Euch gegenseitig. Ein jeder hat seine Berufung auf der Welt. Wenn er sie findet und erfüllen kann, so ist das seine *einzigartige glückliche Welt.*

> Ganz gleich, ob jung oder älter, von jedem Menschenkind geht eine Berufung aus. Seht Euch um und versucht, ihnen Sinn zu

geben und sie zu erfüllen. Jeder an seinem Platz, keiner ist zu schade, sondern alle erfüllen ihre Lebenspflicht, für das Geschenkte, was ihnen damit auferlegt wurde.

19 - 33 **D** In der ***Welt*** in der *wir leben*. Wir sollten uns über jede *Funktion*, welche Technik voraussetzt, mehr Gedanken machen, uns fragen, ob wir sie *wirklich benötigen*.

Es ist wirklich notwendig, eine Technikflut einzudämmen, um den *Missbrauch*, der mit der Nutzung einhergeht, zu steuern und nicht unvermindert fortzusetzen?

> ***Leben kann einfacher gestaltet sein und dennoch glücklicher!*** <

Von Regierungen müssen einfach mehr Regularien erzeugt werden, um Dinge nicht dem Kommerz zu überlassen.

Die *Dimensionen*, welche dort errichtet werden, sind sonst einfach nicht mehr einzudämmen. Missbrauch und finanzielle Steuerung werden damit verursacht.

Einmal sind es die einfachen Regularien der US-Wirtschaft und Non-Bürokratie, welche einfach alles zulassen und eine Steuerung verhindern.

Beispiele gibt es viele: *Finanzströme,* ungeminderte Ausbeutung durch Mehr, mehr technisches Haben. Zum anderen der Verbrauch an *Ressourcen,* welcher nicht mehr kontrollierbar, steuerbar wird und den Kommunen vollkommen entgleitet.

Weil immer nur die gleichen Menschen/Regularien, welche den Konsumverbrauch selbst mittragen, dort fungieren.

FAZIT: Es kann nur mit MQ und indem man einer Steuerung der Verwaltungsorgane und durch die Auswahl, aus allen Schichten der Bevölkerung und von Berufen mit MQ, gelingen. Dazu bedarf es aber einer längerfristigen, parlamentarischen Tätigkeit und nicht: Einführen, Absetzen und wieder Einführen von Regierungen und Verwaltungen.

19 - 34 **D** Haben Sie geistigen ***Horizont***, dann benötigen Sie *LEGAWA* = Lebenskunde-Ethik(Wertekunde). Unterstützen Sie uns moralisch, dann sind wir für Sie da und unterstützen Sie!

19 - 34 **C** „***Staats***-*Regierung*". Versagt auf ganzer Linie.

Deshalb Staatsbürger, engagiert Euch, damit Euer Staat auch als ein Spiegelbild Eurer eigenen Bürgerform zu erkennen ist.

> Dass er nicht das Werk Einzelner werden kann, sondern das *Werk Vieler*, wenn es vernünftig, sinnvoll und sinnmachend gestaltet wurde.

Deshalb benötigen wir hierzu die Parlamentarische-Regierungs-Form. Ohne eine derartige Einrichtung kann es keine echte „Demokratie" einer Volksgemeinde, die *Demostie,* geben!

19 - 34 **A** ***Wald.*** Dem *Erhalt des Waldes* dient nur ein radikales Umdenken jeden Verbrauchers.

Wird dies vernachlässigt, aus Gedankenlosigkeit oder Nichtbeachtung, so gibt es den Wald nur noch in floristischen Schutzgebieten.

FAZIT: Das ist so, als wenn in der Natur lebende Kreaturen ausgestorben und nur noch in Zoos zu bestaunen sind.

All die Forcierungen zum Umweltschutz enden in der Sackgasse, wenn kein Umdenken erfolgt und der Klimaschutz dort endet, wo wir beginnen wollen.

>> ***Es kann nur ein Klimaschutz-Umwelt-Thema geben: Sofort, wirklich sofort, alle Rodungen von Wäldern sofort einstellen.*** <<

Das ist der einzige und konsequente Umwelt- und Klimaschutz, den wir uns leisten sollten.

Die Regierungen und der Verbraucher sind gleichermaßen gefordert und insbesondere die Konzerne und Monopole der gesamten Weltwirtschaft.

Das heißt, *alles Regionale* ist voranzustellen. Noch besser: Nur *regional zu leben* und zu verbrauchen.

Das kann jedoch nur funktionieren, wenn es von *jedem Einzelnen* mitgetragen wird. Und nicht, wenn – wie in letzten 25 Jahren – drei Augen zugekniffen werden, um einem Level(Niveau) zu folgen, wo keine Nachhaltigkeit gültig ist. FSC der Forstwirtschaft und andere. Wobei FSC nur zu 20 % nachhaltig produziert, zu 50 % wird nicht genehmigte Abholzung betrieben. So wird der Verbraucher mit „guten" Siegeln eingelullt.

19 - 34 **C** *Wenn* ***Recht*** *umgekehrt wird und das Unrecht* zur obersten Priorität mutiert und das von obersten Stellen, von den Staaten selbst geschieht, spätestens dann ist Recht nicht mehr Recht, sondern das Unrecht zum Recht erkoren.

Wenn zudem mit zweierlei Maß gemessen wird, wird aus Unrecht doppeltes Unrecht. Ein Verrat an der eigenen Bevölkerung eines Staates. Wenn das Grundgesetz beständig durch Änderungen ausgehebelt und im Ganzen übergangen wird und Artikel missachtet werden, sind die Verräter an oberster Stelle auszumachen und nicht mehr von oben nach unten ausfindig zu machen, sondern umgekehrt.

19 - 34 **C** ***Eingewandertes Wild*** wird unter Schutz gestellt und heimische Arten zum „Abschuss" freigegeben. Sieht so die „Grüne Liste" aus? Der *Selbstverleugner und Nestbeschmutzer*? Anstatt das eigene Blut zu schützen, wird die eigene Art drangsaliert. Sieht so Artenschutz aus?

Man glaubt es nicht und doch ist es wahr.

Ganz zu schweigen von *Meinungsfreiheit*. Das ist schon unter Strafe gestellt und mit Hetzjagden verbunden. Stattdessen „Glaubensfreiheit" zu propagieren. Welcher schizophrene *Wahnsinn* wird hier gepredigt? Wenn nicht einmal die *eigene Art* unter normalen *Bedingungen* leben darf?

> **Das ganze Werk ist aus dem Ruder gelaufen und alle (!) machen mit wie eh und je. Jede idealistische Propaganda-Population findet ihren Widersacher. Nur zu welchem Preis dies**

alles stattfindet. Sucht man nach Orten der Geborgenheit? Fehlanzeige. Nur noch Orte der chaotischen Zustände.

19 - 35 **A *Urwald*.** Den *Urwald* zu schützen, indem wir Land und Bäume davor bewahren abgeholzt zu werden und als neues Land bewirtschaften, das nur, wenn man nachwachsendes Forstland daraus entstehen läßt.

Helfen Sie uns dabei? Kaufen Sie einen Sprössling, welcher Ihr Baum sein wird und schließlich Ihr Leben überdauert, weil Bäume teils eine viel höhere Lebenserwartung haben als der Mensch.

19 - 35 **C** Welche ***Regierungsform*** kann uns eine *Stabilität* garantieren?

Nur eine parlamentarische!

Weil somit allen *Parteiströmungen* das *Mitspracherecht* garantiert ist.

Nur diese Demostistische Volksgemeinde kann uns ohne beständiges Gerangel und Gefeilsche die beste Ausgangsbasis bieten, um eine vertrauensvolle Arbeit in der politischen Betätigung zu garantieren.

Weil alle Parlamentarier gleichermaßen jedes Abstimmungsergebnis mittragen dürfen.

Oppositions- und Regierungsstrategien sollen ein für alle Mal beendet werden.

Jede Gruppierung ist somit in die Entscheidungen eingebunden und es gibt kein Ab- , Ausweichen und Zuschieben von Verantwortung mehr.

Zudem muss sich um korruptionsloses Regieren bemüht werden.

Zu der „Bestechung“ ist lediglich der Staatsbürger berechtigt, wenn durch seine Wahl die Zusammensetzung der parlamentarischen Gruppen bestimmt wird.

Der „Einstieg“ und „Ausstieg“ aus Lobbyismus-Steuerungen müssten, die daraus hervorgehenden Zechen, nicht mehr der Bürger bezahlen.

Eine vorausschauende, verlässliche Steuerung von Entscheidungen wäre das Resultat, was ein neues Vertrauen in die Politik rechtfertigen würde.

19 - 35 **C** Bitte kommt ***wählen***, ob *Brief- oder Lokal-Wahl.* Wir haben für Sie die neue, *menschenwürdige Volksgemeinde*-Partei: Humanitäre Demostie-Kommunal-Verwaltungs-Partei, also menschenwürdige Volksgemeinde zu schaffen, damit wieder *Vertrauen in die Politik* kommen kann. Weil Sie uns vertrauen können, einer *parlamentarischen Mehrheit*, von allen Abgeordneten mitgetragen, sodass wir *politische Entscheidungen* treffen, die jeder unterstützen kann. Weil nicht von kurzer Hand entschieden wird, sondern für *Generationen* verbindliche *Energie-Optionen, Bürger-Politik und Natur-Erhaltung* betrieben werden, somit dem *Klima-Wandel Einhalt geboten* und ihm oberste *Priorität* eingeräumt wird. Dem Menschen können wir eine *gesunde Arbeitswelt* bieten und somit zwischenmenschlich ideale Voraussetzungen für das optimale *Zufriedensein.* Wir wollen eine humanitäre, eine menschwürdige Wohn-, Lebens- und Arbeitswelt schaffen und anbieten. Wir, die dies ohne Euer Engagement und Zutun allein nicht verwirklichen können. *Seid sinnvoll, sinnmachend und fair.* Kommt und stärkt unser *gemeinsames Engagement!*

19 - 35 **C** ***Vertrauen/Politik***-*Zufriedenheit* intakt? Nein ! Warum hätten wir sonst die AfD?

Verbände leben/agieren in einem *Dornröschenschlaf.* Sie halten sich für gut aufgestellt und kompetent und sind mit ihrer Arbeit und deren Querschnitt vollauf zufrieden.

FAZIT: Das ist weniger als nur ein halbes Bild! Wir benötigen mehr Organisationen, wie abgeordneten-watch.de oder openpetion.de / change.org, Wikipedia und so weiter, welche wirklich unabhängig agieren und ein kompetentes, unabhängiges und neutrales Bild der gesellschaftlichen Verhältnisse, insbesondere der politischen Tätigkeiten, widerspiegeln. Wer inszeniert derartiges?

Damit die *Allgemeinheit* eine nicht blauäugige Vorstellung/Informationen über die *wirklichen Verhältnisse* in unserem Land erhielte und keine *Hinwegtäuschungen.*

Und damit wir keine ideologisch verbrämten Mehrheitsverhältnisse unserer Parteienlandschaft vorzufinden hätten.

Sondern humanitäre-demostistische Verwaltungsarbeit und kommunales Denken vorfänden, wie es bei HDeK, der Volks-Gemeinde-Partei, alltäglich sein würde.

19 - 35 **D** ***Erfahrungswissen*** ist das, was jeder von uns erlebt. Deshalb ist es von so ungeheurer Wichtigkeit. Es kann von jedem menschlichen Wesen nachvollzogen werden, ohne dass eine Aneignung tiefgreifenden Wissens stattgefunden haben muss.

Erfahrungswissen kann jeder nachvollziehen, kann jeder ohne wissenschaftliche Kenntnisse verstehen.

Die Wissenschaft in umgangssprachlicher Form ist nicht minder bedeutungsvoll und deshalb als *gleichberechtig*t zu behandeln. So wie nicht-klassische Musikstile in der musikalischen Welt ihre Berechtigung haben. Sie dienen beide dem einfachen Verständnis in der umgangssprachlichen Welterfahrung.

Nicht minder wichtig und offen für den einfachen Zugang zu körperlich-geistigen Erfahrungen für jedermann.

19 35 **A** Es ist ein menschlicher ***Trugschluss***, dass sich ein Planet wie die Erde finden ließe. Und wenn teleskopisch auffindbar, bestünde die Schwierigkeit, die menschliche Spezies beziehungsweise einige ausgewählte Exemplare dorthin zu verfrachten.

FAZIT: Also, Alles einer schizophrenen *Halluzination unterliegend!*

> Also, erhalten wir unseren *Planeten* so lange, wie irdisches *Lebens* möglich ist. <

Setzen wir unsere *Ressourcen* so ein, dass wir ein vernunftgemäßes Auskommen haben und hören auf mit „Wuchern", als ob wir *alles* unendlich zur Verfügung hätten. Wenn *Nahrung* nicht ausreicht, heißt es eben, die Menschheit muss sich begrenzen, damit ausreichend für alle da ist!

19 - 35 **D** Was es heißt, ***vernünftig*** zu sein? *Vernünftig* sein heißt, sich den Gegebenheiten anzupassen, denn Vernunft ist einzig und allein eine geistige *Haltung* und diese ist beliebig veränderbar.

Somit macht es auch keine großen Umstände, diese Haltung den Gegebenheiten beliebig zuzuordnen, das heißt, an die Erfordernisse des Lebens anzupassen.

Alles Gegenteilige von Vernunft ist somit die pathologische, krankhafte Haltung eines versteinerten Gehirns und sollte herausgeschnitten werden können, um dem zwischenmenschlichen „Verstand“ Genüge zu tun.

19 - 35 **D** ***Horizont*** – *Schmiede* in *Humanitären Zentren* [HUZ]. Als ALGE – von KiTS (KinderTagesStätte) ab dem vierten Lebensjahr bis zur schulischen Weiterbildung. Prerower Vorbild?

19 - 35 **D** ***Lebensbaum-Strategie***: Pflanzt Euren *eigenen Lebensbaum*, schmückt ihn mit Eurem ureigenen Wissen und Euren Erfahrungen und mit der eingebundenen Mentalität Eures Lebensumfeldes. Dann seid Ihr das Subjekt des „Tierreiches“, was selbstbestimmt daherkommen darf und soll.

> Mit Eurem eigenen *LebensBaumStamm* gebt Ihr Inhalt und Wesen Eures gefühlten und von Inhalten gesteuerten Lebens weiter, ferner das Recht und die Pflicht Eures mitmenschlichen Daseins. Wenn von Mutter Natur gewollt und angeeignet mit Menschlicher Qualität (MQ).

Das ist ein *erfülltes Leben* und lässt sich fortsetzen, indem Ihr einen Baum pflanzt, der Eurem eigenen Wesen am nächsten kommt.

Über Euer irdisches Lebens hinaus für andere Generationen sichtbar.

Für zwei, fünf, zehn Euro oder mehr pflanzt Ihr Euren eigenen natürlichen Lebensbaum, welcher über Euer irdisches Leben hinauswachsen kann.

19 - 36 **C-/-D** ***Nutznießer*** des Staates. Was es heißt, *Staatsbürger* zu sein? Sobald ich geboren bin, bin ich *Nutznießer* des Staates, in dem ich geboren wurde. Ich bin zum verwaltungspolitischen NOVUM geworden.

Es kommen also allerhand *Rechte und Pflichten* auf mich zu. Will ich die Rechte nutzen/genießen, wie KiTS, schulische und berufliche Ausbildung, Studium, VHS und andere Weiterbildungsangebote sowie die gesamten sozialen Systeme, habe ich auch Pflichten zu erfüllen. Ansonsten ist man lediglich Nutznießer eines Staates, ohne sich um die Pflichten zu kümmern.

Wer sich um Staats- und Bürgerpflichten nicht die Bohne kümmert, ist ein „Nassauer" auf Kosten des Staatsgebildes, der Allgemeinheit.

Worum es geht? Es geht darum, sich um verwaltende Dinge Gedanken zu machen, also das Tagesgeschehen, und ehrenamtliche Hilfen für die gesellschaftliche Gemeinschaft auszuführen.

Es geht um die *Mitverantwortung*, das heißt, sich nicht zu drücken, wenn es um das Engagement für politische Verantwortung geht. Wenn es darum geht, Stellungnahmen zu erfüllen, seine eigene Meinung zu tagespolitischen Entscheidungen zu bilden, die politische Tragfähigkeit eines parlamentarischen Konsens zu erfüllen, sich einer Wahlpflicht zu stellen, Brief- oder Lokalwahl zu erfüllen. Das heißt, mitzuwirken in politischen Vereinen. Genauso wie ich mich in Sportvereinen, Geflügelvereinen, religiösen Vereinen als Christ, Atheist oder ALGE [Autogenerierte Lebensgestaltung Emanzipation], HuLeBB und sonstigen Betätigungen engagiere. Es kann nicht gleichgültig sein, welcher politischen, volksgemeindlichen, demostistischen, allgemeinen Richtung ich mich zurechne. Ja, es heißt, *Farbe und Richtung* zu bekennen, derer ich mich nicht enthalten darf. Mitte, links, rechts sowie lila, grün, rot schwarz, gelb etc.

19 - 36 **C** *Jeder* setzt sich für den *Staat* ein, weil *jeder Teil* des *Staates* ist, einer ***Staatsbürgerschaft***.

Gerade von den *Menschen*, von denen man die *Einsicht* erwarten könnte, dass *Handeln* oberste Priorität ist, ist *man enttäuscht*.

Verhält sich der *Einzelne* wie die Masse? Warum handeln Menschen nach der Lemminge-Legende? Alle *rennen* in die *„eine Richtung“*? In die falsche! Sonderlich ist das schon. Der Mensch ist anpassungsfähig an so vieles. Nur verhält er sich wie ein humanitäres, menschenwürdiges Wesen? Mit MQ (Menschlicher Qualität)? Wohl kaum.

Nur *reden* nützt nichts, der Terror und die „Kanonen“ der Monopole sprechen ihre eigene Sprache.

19 - 36 C ***Demostie*** (Demokratie) ist die Volksgemeinde (Polis, griechisch) – als *Parlamentarische-Regierungs-Form*, die wahre, regierungswürdige Form einer menschenwürdigen Gemeinschaft.

> Wollen wir sie begründen und unser alltägliches Bild werden lassen? So schlagt ein und versucht umzusetzen, was wirkliches, menschenwürdiges, also humanitäres Leben ausmacht. Wollen wir sie in unser tägliches Tun integrieren? Habt Ihr „Bock“ darauf? Es ist schließlich ‚Euer Leben‘, was Ihr letztlich zu einem glücklicheren, ehrwürdigeren Leben umformen könnt. Macht Ihr Gebrauch davon, so oft es geht und identifiziert Ihr Euch damit? Engagiert Ihr Euch in diesem Sinne als wirkliche Bürger einer Volksgemeinde?
> Wir benötigen einen neuen *Anstoß, um* unser Volk wieder auf einer *neuen Basis* zusammenzuführen. Denn ideologisches Gebaren hat uns getrennt. Lasst aus vielen „Volksstämmen“ endlich ein Volk entstehen und lasst uns zusammenhalten in *deutschsprachigen Ländern*, denen des CHAD (SCHWEIZ, AUSTRIA, D)!

19 - 36 A ***Wenn*** es Ihnen *gleichgültig* ist, dass Sie Ihr Land, Ihre Hoheit, Ihre Freiheit, Ihre Unabhängigkeit verlieren, dann wäre es besser, wir wären uns nie begegnet.

Aber so ist es ein Versäumnis, dass Sie uns keine *moralische Unterstützung* geben wollen.

Weil wir *unser Land* lieben, für *unsere Freiheit* eintreten, unsere

Bürgerrechte einfordern und uns nicht als Sklaven einschüchtern lassen wollen!

Wenn Sie eingesehen haben, dass es notwendig wird, etwas dagegen zu unternehmen, TRAGEN Sie sich bitte ein und leisten Sie den *Gleichgesinnten* Ihre Unterstützung.

19 - 37 **A *Nachhaltige*** Waldwirtschaft, ***nachhaltige*** Landwirtschaft, **nachhaltige** Wirtschaft, allgemein ***nachhaltige*** politische Regierungsform der >> *Parlamentarischen-Regierungs-Form* als Demostie. Nur *Demostien* sichern uns oben genannte Mechanismen der Steuerung von Staatsvorgängen in *langfristigen Strukturen* und führen somit dazu, das Vertrauen in die staatliche Führungspolitik zurückzugewinnen.

Hinzu kommt die ***nachhaltige*** *Geldwirtschaft* mit Rückgewinnung der *Gold-Wert-Strategie* sowie die Abdankung der inflationsgekoppelten Wachstumsstrategie.

Zulassung der Deflationsstrategie als ***nachhaltige*** *Geld-Wert-Stabilität.*

Setzt voraus, dass wir uns ebenfalls von der inflationären „Steuerungsmentalität" von höher entwickelten, „gebildeten" strukturellen Entwicklungen abkoppeln und verabschieden.

Und den Nutzen praktischer Ausbildung mehr forcieren. Dem Handwerk die oberste Priorität einräumen und der Dienstleistung, die in jeglicher Form unser Dasein bestimmen wird, die nötige Voraussicht und Rechenschaft einräumen.

Nachhaltige *Pharmaindustrie, mit nachhaltiger Medizin zu einer* ***nachhaltigen*** *Menschheit gelangen!*

> Staaten, sind verantwortlich für *politische* Bevölkerungsexplosion! Denn wir haben unsere Kompetenz bereits wesentlich überschritten. Dabei gilt es, unser Hauptaugenmerk den Ländern und Staaten zuzuwenden, welche ihre explosionsartigen Zuwachsraten bereits überschritten haben.

19 - 37 **D** Das ***Tor zur Welt*** ist die normale Geburt und nicht der Kaiserschnitt.

Genauso ist es die Würde des Lebens, abzutreten, wenn es der Zeitpunkt erfordert – ohne „lebensverlängernde“ Maßnahmen.

Ebenso sich nicht am „Ersatzteillager“ zu bedienen, wenn es um die Würde des Lebens geht.

Es hat nichts mit „altmodisch“ zu tun, überhaupt nichts mit Mode, sondern es ist die ‚Würde‘ des Lebens, sich würdig aus dem Leben zu verabschieden.

Übrigens gehören hierzu auch die „verstümmelnden“ Maßnahmen, die Missbräuche von Piercing und Tätowierungen. Wir sind keine „Wilden“, als unzivilisierte Menschheit, die es als Kulturbetreiben benutzen.

Aber es kommt ja auch wieder in „Mode“, Kinder an der Brust zu tragen, anstatt sie nur zu säugen, damit Kinder gesundheitsbringende Muttermilch für ein Leben erhalten. Ebenso das Kinderwagenphänomen: Die Kinder liegen auf dem Bauch, damit sie etwas sähen, „besser gesagt” ruhig gestellt sind. Das auf dem Bauch tragen bedeutet nichts anderes.

Als wenn man in der „modernisierten“ Welt keine Kinderwagen hätte und bezahlen könnte. Die Verkrümmung der „weichen“ Wirbelsäule könnte eine Folge sein.

Genauso das modisch auf den Bauch legen mit „Fensterblick“. Übrigens gehört hierzu auch die Kita-„Erziehung“, auch die Menschen der technischen Sklaverei mit „Smart“-Phones.

Alles Auswüchse der „Technik“-Kultur *ohne Notwendigkeit, dafür lieber* maßvolle Nutzung von *technischem Gerät.*

Der Seele und dem natürlichen, emotionalen Gebrauch der menschlichen Seele Raum zu geben, wird über Gebühr missbraucht.

19 - 37 **C** „***Wende***“. Man hat abermals versäumt, sich „demokratische“ *Grundregeln* zu geben, sie zu maximieren und zu etablieren.

Stattdessen versucht man, kommunistische Denkweisen auf die kapitalistischen Denksysteme zu übertragen.

Die einheitsgesellschaftlichen Denksysteme zu leben und durchzusetzen mit Grundgehalt, gleicher Einkommensrente für alle.

> Erstens widerspricht das dem „*Gleichheitsgrundsatz*", weil es unterschiedliche Voraussetzungen gibt. Zum anderen wird die Arbeit als solche nicht gewürdigt.

> Zweitens wird das didaktische, geistige Gleichschalten versucht. Den individuellen Voraussetzungen wird nicht Genüge getan.

> Drittens versucht man, die kapitalistischen Machenschaften zu verallgemeinern, in einem breiten Massenkonsens zu etablieren. Was genauso fehlzuschlagen droht wie die Nivellierung jeglicher menschlichen *natürlichen Verhaltensweisen* und was keine Rücksicht auf die individuellen *menschlichen Wesensarten* nimmt.

Letzteres trifft ebenso auf rassenmäßige Belange zu, welche eingehalten und gepflegt werden sollten.

19 - 37 **A *Nahrung*.** Die *Menschen* sind zu bedauern, welche den *natürlichen Geschmack* verloren haben und nur noch den „Industrie"-Geschmack als den „wahren" Geschmack erkennen können. Den ‚würzigen' Geschmack eines *Naturproduktes* als „unschmackhaft" zu beurteilen, ist ein Trauerspiel und selbige Menschen sind nur noch zu bedauern. Die Nahrungsindustrie hat das erreicht, was sie ohnehin für den Verkauf ihrer Produkte benötigt: arme Menschheit.

19 - 37 **A *Bürger-Pflicht***, ist es, am kommunal-politischen Gemeindewesen teilzunehmen. Es wird Bürgerpflicht, einem politischen Verein anzugehören, damit die Gestaltung des Gemeinwesens ‚Staat' von jedem Staatsbürger mitgetragen werden kann. Nur Ausnahmen sollten zugelassen sein, aber nur, wenn das Gemeindemitglied einem ehrenamtlichen, gemeinnützigen und zugelassenen Verein angehören möchte, das heißt einem staatlich anerkannten, gemeinnützigen e.V.!

So, wie es früher geradezu Pflicht war, einer religiösen Vereinigung anzugehören. Weil ja eine Staatsreligion das Merkmal von „Staaten" wurde – durch die Christianisierung des europäischen Abendlandes oder anderer Kontinente.

FAZIT: Eine *neue Kartellbehörde* für die Prüfung, ob ein Verein (auch die Parteien sind Vereine) nach seiner *Satzung* und *Ausübung* humanitär-ethisch-demostistischen *Grundsätze und Regeln ein*hält. Gilt ebenso für KiTS, der HuZ-Ausrichtung!

Außerdem: Wer sich nicht gesellschaftskonform verhält, dem werden *Bürgerrechte* aberkannt, zum Beispiel die *Wahlberechtigung*.

Nur einwandfreies *Bürgerverhalten* wird geduldet für denjenigen, der Bürger unseres demostistischen Staats- und Grundordnungswesens sein will. (Mag sein wie der Singapur-Staat, aber in vorigen Jahrhunderten galt ähnliches auch in unseren Breitengraden.)

19 - 38 **A *Radnabenkuchen***. Die Wirtschaftskonzerne und Monopole in globaler, weltweiter Form: Lasst sie nicht entstehen und steuert, wenn es noch möglich ist, dagegen. Durch Kartellämter, welche unabhängig taktieren dürfen und müssen! Und nicht von Regierungen ausgehebelt werden können, oder gar von einzelnen Ministern, wie es bei Herrn Gabriel der Fall war.

Dafür entstehen „mittelständische" Firmen innerhalb eines segmentären Kuchens mit der Radnabe, dem Netzwerk, mit dem sie verbunden sind und über diesen NW-Verbund sie miteinander kommunizieren können. Aber ansonsten fungieren sie als eigenständige Werksteile und wirken als Teile eines Ganzen zusammen. So lasst weltweite Ideen aus einzelnen Teilen mit spinnen-netzwerkartiger Konfiguration zu, die aber jederzeit als Teile eines Ganzen fungieren zu können.

> Gleiches gilt für ein politisches Europa der einzelnen Länder und Völker, das nationale Identitäten und Eigenheiten zulässt und dem kosmopolitischen Einheitsbrei die Absage erteilt.

Ebenso die Idee der Zugehörigkeit des Bürgers eines Staates. Jeder Erden-Neubürger hat die Pflicht, sich einem Verein, in der Regel einem politischen Verein, zuzuordnen, weil kommunal in gemeindlicher Form gestaltet wird. Als Ausnahme sind andere gemeinnützige Vereine zugelassen, welche aber innerhalb eines Landes zugelassen sein müssen. Das heißt, nicht jeder Verein ist dafür geeignet und muss deshalb von oberster Stelle, wie eine Partei, zugelassen sein und bestimmt werden. Jedoch ist die Ausnahme nur zulässig, wenn eine parteiliche Zugehörigkeit nicht möglich ist oder aus Überzeugung keine Zuordnung stattfinden kann. Also meist oder immer sollte die elterliche Vereinszugehörigkeit gelten, denn sonst würde er als „StaatsWaise" geboren.

19 - 38 **A *Ideologien*.** Die *kommunistische Idee* von Marx und Engels erweist sich als völkertrennende bürgerliche Version von Gemeinden und Familien und regierten Ländern gleichermaßen.

Dem deutschen Volk bleibt sie ebenso wenig erspart wie anderen Völkern der Weltkulturen, wo sie Fuß gefasst und sich breitgemacht hat. Keine Ideologie hat das in so wenigen Jahrzehnten vermocht wie die kommunistische Ideologie der Vernichtung von Adel und edelmütigen Gesinnungen, des Abschlachtens der Bourgeoisie als Vorreiter der „Arbeiterklasse" und der anderer Schichten beziehungsweise der Monopole.

> Wiederum war die erstarkende Konzernstruktur europäischer Wesensart verwickelt.

So, wie die Industrie-Nahrungsindustrie östlicher und westlicher Provenienz heutiger Art entwickelt ist.

19 - 38 **C** Dem ***Zerschlagen*** von Strukturen wird nicht gerecht, was damit für Schaden angerichtet wird, sondern das Gegenteil ist der Fall. Nur Reformen sind somit das Allheilmittel. Doch dann muss man erst die Demostie als Parlamentarische-Regierungs-Form etablieren.

>> Der ***UnRechtsStaat*** ist der, welcher ungleiches Recht zulässt und tätigt.

> Wer Freundschaft pflegt, kann alles sagen, wird trotzdem geachtet und verträgt auch, wenn man ihm die Wahrheit sagt.

Heute ist der letzte Sommertag des Jahres 2019.

Wer tatenlos zusieht, wie *Unrecht* geschieht, ist ebenfalls *Mittäter*, anstatt sich gegen das Unrecht zu engagieren.

19 - 38 **C** ***Gleiches Recht*** für alle! *Ein Staat* handelt unrecht und wird somit zum *Unrechtsstaat*, wenn *ideologische Grundlegungen* für das *Recht* angewendet werden.

> *Regierungen* handeln und richten stets in ihrem Sinne. Das ist unrechtmäßig und deshalb zu verurteilen. Aber wie soll eine eingesetzte Regierung denn handeln, als *in eigenem Sinne, zu eigenen Gunsten*?

Deshalb kann es nur eine *demostistische, volksgemeindliche Regierungsform* geben, und zwar die P.R.F.! Die Parlamentarische-Regierungs-Form. Als Gesamtheit und zwar gleichermaßen, sodass *gleiches Recht für alle* angewendet werden kann.

19 - 38 **D** ***Das neue*** *Zeitalter* können wir einläuten. Im 21. Jahrhundert kann die Menschheit das kreieren. Wir geben Unterstützung, jedoch *Ausführen* muss das *Individuum* jeweils selbst. Ansonsten bleibt alles beim Alten. Jahrtausend für Jahrtausend lang. Keine *Aufklärung* konnte bisher etwas *bewirken*.

> Sondern immer neue *Geißeln der Menschheit* „bereichern" den Erdball. Kann der vernunftbegabte Mensch *derartiges* bewirken?

Wenn er den Unterschied zwischen „Bauchgefühl" und Ratio begriffe, wäre es eventuell möglich. Ebenso wenn er sich einer MQ, der Menschlichen Qualität, bediente und eine Verbindung zum IQ, dem Intelligenzquotienten, schaffte. Es wäre fatal, wenn hier nur noch die „Masse" der IQ-Genies herumlaufen würde. Nicht auszudenken, was dann für geistiger „Müll" entstünde.

Jeder kann selbst dazu beitragen, indem er sich besinnt, dass einfache und handwerkliche Tätigkeiten ebenso die Erfüllung des Lebens darstellen und wahrscheinlich *glücklicher* machen, weil sie genau seinen *Eigenschaften* und seinem *Potential* entsprechen.

Und nicht zu den Sternen greift, welche sowieso nicht erreichbar sind. Es sei denn, er wäre ein Raumschiff, aber das ist reine Technik und der Mensch besteht nun einmal aus Fleisch und Blut. Und wenn der Mensch glaubt, er brauchte sich nur aus dem Ersatzteillager eines Roboters zu bedienen, wo bleibt da die menschliche Würde, sein Leben so hinzunehmen, wie es nun einmal kreiert ist: vom Zufall bestimmt, *beeinflusst* von allen *Gestirnen* dieses *Weltalls*.

19 - 38 **C** Die *Forderung* einer geistigen ***Zuordnung*** zu einem kommunalpolitischen *Verein* – für *zukünftige Staatsbürger*, für jedes *neue menschliche Lebewesen* – ist deshalb so wichtig und notwendig wie das Lernen des *Alphabets*. Weil eine *geistige Führung* und sei sie noch so lose, wie Ein, an einer „Zügel" (geleitetes Gespann) geleitet wird, wie ein Sport- oder Gesangsverein, etc. fungieren sollte, um das *Engagement* zu üben, welches man zum Leben neben dem *beruflichen Leben* benötigt.

19 - 38 **D** ***Verstand***. Wie kommt verstandesmäßiges Denken zustande? Durch die *Verschiedenartigkeit* des menschlichen Gehirns und dessen jeweiliger Veranlagung kann es zu sehr *differenzierten Ergebnissen* führen.

In der *gesellschaftlichen Gemeinschaft* benötigen wir für ein funktionierendes gesellschaftliches Allgemeinleben Alle gleichermaßen. Der verschiedenen Eigenheiten menschlichen Denkens und woraus heraus zu finden wäre, genötigt ist anzunehmen: sowohl emotionaler Denkweisen als auch intellektueller Denkweisen.

Es ist wie im Berufsleben, wenn man in einem Großbetrieb arbeitet. Für jeden gibt es gemäß seiner Denk- und Handlungsweisen, sowie seiner erlernten Fähigkeiten den richtigen Einsatzort.

19 - 38 **C** Die ***Industrialisierung*** hat sich seit dem Ersten Weltkrieg Szenarien geschaffen, die bis heute *'unser Leben'* bestimmen. Jedoch keine 'guten', sondern sie beeinflussen unser eigenes und das gesellschaftliche Leben derart negativ zugunsten einer monopolistischen Wirtschaftsstruktur, welche verheerende Folgen für uns alle hat.

FAZIT: Helft, diese Strukturen umzukehren und uns aus der Umklammerung der Regierungen zu befreien, deren Steuerungsmechanismen durch Korruption und Lobbyismus beeinflusst werden (zum Beispiel Atomausstiegs-, Diesel-Skandal-Szenarien)! Somit regierungspolitische Fehl-Strukturelle-Leitlinien zu beenden und mit langfristigen Leitstrukturen zu ergänzen.

19 - 38 **A** ***Gesellschaftliche*** *Grundlagenforschung*: Als wissenschaftlich-gesellschaftliche Zusammenhänge neu definieren und auf ein mögliches gesellschaftliches Podest erheben, von dem es eines Tages, wenn die Zeit reif ist, abgehoben und verwendet, das heißt, durchgeführt und eingeführt werden kann.

Die Ergebnisse, dieser Arbeit führen natürlich dazu, dass sie für einige Gruppen positiver Natur sind und für andere wiederum negative Auswirkungen haben können.

Aber eines haben sie alle gemeinsam: Sie nutzen der Gesellschaft und der Allgemeinheit. Die Gesellschaft profitiert letztendlich stark von den Auswirkungen dieser Ergebnisse, weil sie insgesamt das gesellschaftlich-politische Klima verbessern werden.

19 - 38 **C** Kommunalpolitische ***Bürgerpflicht*** ist das Wahlverhalten. Wenn jeder Staatsbürger versäumt, seiner Bürger-Wahlpflicht nachzukommen, bedeutet das Konsequenzen. Falls der Bürger seine Wahlpflicht nicht erfüllt und nicht von ihr befreit ist, so kann er auch kein kommunal-gemeindliches Entgegenkommen seiner Gemeinde erwarten.

Die Gemeinde ist nicht verpflichtet, einen säumigen Staatsbürger zu schonen.

Der *Staatsbürger* hat die Pflicht, einem kommunal-politischen Verein seine Stimme zu geben oder zumindest ersatzweise einen gemeinnützigen eingetragenen Verein (e.V.)[6] zu wählen!

Falls obiges Szenario eintritt, hat der Bürger sich zu gedulden bis zur nächsten Landes- oder Bundestagswahl. Erst wenn seine gültige Abstimmung erfolgt ist, kann er seine Rechte als Staatsbürger einfordern oder gewährt bekommen.

19 - 38 **D** Das ***bessere Leben*** ohne *Wachstum, mit Deflation*. Fallt nicht herein auf die schizophrenen, größenwahnsinnigen Neoliberalisten! Dass nur Wachstum Chancen für ein ‚gutes Leben' bringen soll! Es ist nur Wahnsinn, Vergeudung und Verschwendung der Ressourcen unseres Globus. Fallt Ihr alle herein? Auf die Prediger der neo-religiösen-wissenschaftlichen Fraktion?

Könnt Ihr *Grenzen setzen* für die monopolistischen Strukturen weltweit, die in allen Wirtschaftsdisziplinen mittlerweile Kultstatus haben?

Nur dann haben wir *Chancen*, etwas zu bewirken.

19 - 38 **D** Die ***Regeln*** des Lebens beziehungsweise die *physischen Voraussetzungen*. Ein Regelwerk ist dann eine gute Voraussetzung, wenn es die Veranlagung hat, sowohl von den sogenannten „negativen" Antrieben, als auch von ‚guten' Antrieben begleitet worden zu sein.

Deshalb Menschheit, hüte Dich, Vorurteilen zu großes Gewicht zu verleihen.

> In allen „Beurteilungen" liegt ein großes Potential, „zu schnell" zu verurteilen. Also abwarten und ein zweites Mal hinschauen oder sich besser um eine längere Beobachtung bemühen.

Es beansprucht ziemlich viel Zeit, auch nach Beurteilung der Akten jemanden zu verurteilen. Nie oder selten ist es berechtigt, den Zweifel unberücksichtigt zu lassen. Erst recht bei verbalen „Verurteilungen". Ein Wort ist schnell über die Lippen gekommen, doch es zurückholen, ist unmöglich.

6 Gemeinnützige, eingetragene Vereine kommen somit ebenfalls auf den Stimmzettel – in überschaubarer Größenordnung, das heißt Anzahl (DHB e.V. ALGE, ev. und kath. Kirche als christliches Land).

19 - 38 **C** Wer Rechts gegen Links ausspielt, kann wohl kaum ein gerechter ***Regierungspartner*** sein. Es kann nur eine Regierung das *Vertrauen* erringen: die P.R.F., die *Parlamentarische-Regierungs-Form* aller Parteien, denn sie sind alle für die Regierungsverantwortung von der Allgemeinheit gewählt. Das heißt: Alle Staatsbürger einer Nation wählt HDeK, Humanitäre Demostie Kommunal!

> Wenn schon Links – und auf die können wir nicht verzichten, entspringt der ***Handhabung*** der letzten Jahrzehnte –, dann gehört als Ausgleich auch Rechts dazu. Daran geht kein Weg vorbei. Ausgeglichenheit gehört zum Vermächtnis einer justitativen Form (Justitia, römische Göttin der Gerechtigkeit) und des übrigen Teils einer Gesellschaft. Den Rest teilen sich die Mittleren. Welchen Teil der Mitte sie dabei besetzen, ist völlig offen. Am äußeren Rande oder mehr mittig.

19 - 38 **A** Der ***falsche*** Weg. Eine Mauer wird niedergerissen und neue Mauern werden errichtet.

Der Fall der Mauer zwischen Ideologien, die ein Volk getrennt haben.

> Wiederum Mauerbau zwischen 2/3 Irlands und dem Rest der Iren. Europa wird getrennt.
> Amerika: Der andere Fall. Erst okkupiert man das Land, vertreibt und schlachtet die Ureinwohner, dann baut man Mauern, damit sie nicht in ihr ureigenes Land zurückkehren können. Das passiert gerade mit Europa. Derartig hochgradiger Wahnsinn!
> Das ist doch ideologischen Schranken zugewiesen, um Mauern zu etablieren.

Macht Euch Gedanken über die Bevölkerungsexplosionen! Und zwar dort, wo sie entstehen. Und nicht dort, wo sich die Bevölkerung selbst dezimiert, Praktiken für gegenteilige Maßnahmen zugelassen werden und Werbung gemacht wird. Gehört verboten und Approbationsentzug!

Dafür wählt die demostistische Regierungsform einer Volksgemeinde, in der alle Parlamentarier abstimmen können. Damit würde sich die echte Volksregierung etablieren. Von allen Bevölkerungsschichten getragen. Keiner kann sich mehr rausmogeln und alle bestimmen mit und tragen/teilen die Verantwortung.

Wo alle mitregieren möchten? – Hätten sie doch schließlich auch eine Entscheidungsmöglichkeit in ihrem Leben erhalten!

19 - 38 **D** Das ***bessere Leben***, ohne Wachstum, mit *Deflation*. Fallt nicht herein, auf die schizophrenen, *Größenwahnsinnigen* Neo-Liberalisten, daß nur mit Wachstums-Chancen, ein ‚gutes Leben' bringen soll!

Es ist nur Wahnsinn, Vergeudung und Verschwendung der Ressourcen unseres Globus's. Fallt Ihr Alle herein? Auf die Prediger der Neo-Religiösen-'wissenschaftlichen' Fraktur ?

Könnt Ihr *Grenzen* setzen für die monopolistischen Strukturen weltweit? In Allen Wirtschafts-Disziplinen mittlerweile zum Kult-Status geworden.

19 - 38 **A** Deutschland ist nicht mehr ***‚die Heimat'***, wenn Hetzjagden durchgeführt werden, um die *Meinungsfreiheit* von staatlicher Seite aus auszusetzen. Deutschland ist sozusagen die dritte Staatsregierung innerhalb eines Jahrhunderts, welche der Freiheit des Bürgers aus unmoralischer, *bevormundender Sicht* Grenzen setzt.

Was ist dann „Demokratie", wenn die grundlegenden Freiheiten eines Bürgers, wie die *Meinungsfreiheit,* ausgegrenzt werden?

19 - 38 **C** ***Regierungsform***. Es ist anzunehmen, dass es allerhöchste Zeit ist, eine neue Ära der Regierungsform einzuführen. Und zwar die P.R.F. der Demostie, damit der menschenwürdigen, humanitären Natur mehr Geltung zukommen kann und sie mehr gewürdigt wird.

Dass alle *Ansichten* einer Gesellschaft wieder zur Geltung kommen können und bei Entscheidungen berücksichtigt werden. Dass einseitige beruflich-ideologische Gruppierungen nicht zur Mehrheitsfindung beitragen können.

Ein Parlament sollte deshalb mehr aus der Allgemeinheit mitgetragen werden und das kann nur erfolgen, wenn sich jeder Staatsbürger seiner Mitverantwortung bewusst wird.

Deshalb die Forderung, in kommunal-politischer Zugehörigkeit für ein funktionierendes Staatswesen Sorge zu tragen.

19 - 38(1) **A Geld und Wachstum**? Dem spekulativen *Charakter Einhalt* gebieten? *Entziehung und Trennung* von Wirtschaft und Kapital!

Jahrzehntelanger *Misswirtschaft* ein Ende bereiten.

Es langt, wenn wir Karl Marx aus Büchern kennen. Seine kommunistische Vision ist als *Ideologie entlarvt* und inzwischen enttarnt und trotzdem hält sie sich hartnäckig, obwohl sie ad absurdum geführt wurde. Als Staatsräson weltweit abgelehnt und mehr Geißel als Segen für die Allgemeinheit, weil als Diktatur missbraucht.

19 - 38(2) **A *Ein Umdenken***[7] ist *erforderlich*! *Wachstum, Bevölkerungsexplosion.*

> Die Bäume *wachsen* nicht in den Himmel, die Erde *wächst* nicht mit der Zeugung. >> Setzt Grenzen *Eures Denkens!* >>> Deflation Eures Produzierens, Eures Konsumierens, Eures Geldes. > Setzt den *Goldstandard* für Geld plus *Euer Denken* ein.

Ein *neuer Größenwahnsinn* macht sich breit!

Ein solches Exemplar ist gerade untergegangen[8] , schon sprießt der Nachahmer-Effekt aus dem Boden: rund um den Erdball! >> Null Zinsen, null Einsicht in die Vernunft, ins Klima. Alle Klimastandards werden über den Haufen geworfen. Dafür werden neue Mauern errichtet! Wie hoch eigentlich? Ohne Grenzen natürlich. Die Begrenzung. Muss Glück grenzenlos sein? Natürlich NICHT. Sonst gäbe es Glück gar nicht.

---

7 Kann es sein, dass wirklich ein Umdenken stattfindet?

8 Gerade Suizid begangen. Man hoffte, mit den Nachahmern geschähe das gleiche.

Dass man begreift, dass die bäuerliche „Klein“-Wirtschaft die Menschen satt bekommt?

Immer wenn die Not am größten war, hat der vernünftige Gebrauch von Ressourcen stattgefunden.

Können wir jetzt auch wieder dort *einsetzen*? Wo die Unvernunft an ihre Grenzen kommt? Dort, wo man glaubt, an Grenzen gekommen zu sein, fängt der Dialog erst an!

Der Größenwahnsinn des „immer mehr“, immer mehr Technik-Einsatz, kommt an seine Grenzen. Ein Umdenken zur menschlichen Vernunft muss dies jedoch begleiten!

Zurücksteuern, bevor die kleinbäuerliche Wirtschaft vom Globus verschwunden ist?

Das gesamte damit verbundene Wissen geht verloren, wenn das geschieht.

Deshalb muss ein Umdenken sofort stattfinden. Ebenso wie Klimaschutz nur durch sofortige Einstellung jeglicher *Rodung und* jeglichen *Zunichtemachens* des gewachsenen *Waldbodens* geschieht. Die kostengünstigste Form des Klimaschutzes bedeutet: *sofortiger Stopp* jeglichen Rodens von Waldflächen auf dem *gesamten Kontinent, somit weltweit*!

Nur *echte nachhaltige* Forstwirtschaft betreiben! Keine Ersatzflächen zur Verfügung stellen, denn gewachsene Natur lässt sich nicht *verschieben*!

19 - 38(3) **A** Nicht ***Mauern*** bauen, aber Grenzen setzen!

Die „grüne“ Radfahrer-Manie. „Grünes“ wird geopfert, Autos werden in den Schadstoffausstoß gestoßen. Ergebnis: plus/minus null. Nur Steuergelder werden verramscht und Bürgerverhalten eingegrenzt.

Man hat seinen Willen gezeigt. Ist das noch *Politik* zu nennen?

Ganz zu schweigen von vernünftiger Einsicht in die *verkehrspolitischen Belange.*

Man kann nicht alles regeln, aber man kann über alles zu >einer Einsicht< gelangen. Nur die fängt ganz „unten" an, bei jedem einzelnen, und hört erst ganz „oben" auf.

19 - 39 **B** Wieder ***Sternenhimmel*** mit Orion, Großem Wagen und abnehmendem *Mond*! 19.09.2019

19 - 39 **A** Unsere ***Monopolistische Industrie*** (MI) ist der Grund für den Aufstieg und den Untergang unserer *Kulturen*.

Wir haben einen *Zustand*, welcher sehr bedenklich erscheint.

Und wir sollten achtgeben, dass dieser Zustand nicht kollabiert.

Die *Anzeichen* sind sehr bedenklich.

Wenn der Zustand ebenfalls den ideologischen Zustand und das gleiche Szenario erreichen sollte, ist dem Inferno kein Einhalt mehr zu gebieten.

Wenn wir uns *entgegenstemmen* wollten, ist es höchste Zeit, dies zu b*ewerkstelligen*.

FAZIT: Wir können zunächst dem *ideologischen Verfall* der Kulturen Einhalt gebieten und ihn dann mit ethischen Regeln und dem monopolistischen Wirtschaftsgebaren umkehren.

> Nur so werden wir das *Schicksal „Mensch*" erneut auf eine vernünftige Basis heben können.

19 - 39 **C** Wenn wir als ***Gesellschaften*** und *Politiker* nichts von dem lernen, was wissenschaftliche Hochschulprofessoren uns aufzeigen, indem sie sagen, wo die Gefahren unserer Tuns und Handelns liegen, so ist es ein unverzeihbarer Zustand der herrschenden Staaten und der monopolitischen Konzerne, der Regierungen sowie der Allgemeinheit.

Munter drauflos zu wirtschaften und zu „politisieren", als wenn's der letzte Tag wäre, ist so gefährlich und unverzeihlich.

Dass jetzt schon Kinderaktivisten auf dem Plan erscheinen für etwas, das die Älteren aus „Bequemlichkeit" (oder was sonst?) in Angriff zu nehmen versäumen, ist ein *menschlich-tragisches Trauerspiel*! Weil keine *Konsequenzen* aus fehlerhaften Mechanismen gezogen werden, weder in der Politik noch in der Wirtschaft.

19 - 39 **A** Kann es auch ein ***„Deutsches" Reinheitsgebot*** für *Lebensmittel* geben?

Das wäre meiner Meinung nach die einzig *zulässige Kennzeichnung* für Lebensmittel.

Alles andere ist nichts als verteuernde Augenwischerei. Und überfordert ebenso die *Einkaufsgewohnheiten.*

Anbau und Verarbeitung müssten demnach so kontrolliert werden, dass der *Missbrauch* nicht oder sehr selten möglich wird. JA?

19 - 39 **A** Eine ***philosophische Betrachtung***: Wer (be-)schreibt das *„endlose Drama"* der verschiedenen *„Rassen der Menschheit"*?

Kann es ein *„Entkommen"* geben? Nicht möglich! *Genmanipulationen* sind der *Ursprung*. Und ein *Züchtungsgedanke* schließt sich beim Homo sapiens aus.

Das wäre jedoch die *‚einzige (Er-)Lösung'*.

So bleibt alles wie es ist. Die Unterschiede wachsen als einzige in den Himmel. „Bis dass der Tod Euch scheidet."

Und das Ende allen Lebens gekommen ist.

19 - 39 **C** ***Grenzen*** für das *Wachstum* setzen. *Deflation* einführen für alle *Ressourcen* – einschließlich Finanzwelt.

Sofortiger *Rodungsstopp* für alle *Waldflächen*, um die *Klimaziele* zu erreichen.

Sofortiger Stopp des Bevölkerungswachstums.

Einzige Möglichkeit, damit *Mutter Erde* nicht zum *unbewohnbaren Planeten* verkommt.

19 - 39 **D** Die ***Gesellschaft/Allgemeinheit*** zu *anonym*?

Man könnte meinen, dass in der Gesellschaft, das *Engagement* für kommunal-politische *Fragen* nicht oder zu wenig vorhanden ist. Das ist aber inakzeptabel, denn jeder Bürger nimmt *Rechte seiner Gemeinde* in Anspruch. Dafür sollten auch Pflichten eingefordert werden. Und wie das so ist mit Pflichten: Man drückt sich gern, wenn es darum geht, seinen Pflichten nachzukommen, ob im Haushalt Geschirr zu spülen oder Staub zu saugen oder nur mal den Nagel in die Wand zu bringen.

> Das ist aber erforderlich, wenn ein *Gemeindewesen* einwandfrei funktionieren soll. Und gerade das *erwartet* ja der *einzelne Bürger*. Doch wie sieht es mit der Gegenleistung aus?

Habe ich meine Steuern gezahlt?

Ist jedoch noch *nicht alles* getan. Sondern das *emotional-körperliche Engagement* sollte hierbei ebenso berücksichtigt werden. Für das *Mitdenken* in Verwaltung und regionalen und überregionalen Entscheidungen ist eine *Bürger-Beteiligung* erforderlich. Jedoch nur über Informationen, wenn dies von Verwaltungen ermöglicht würde.

Dies *einzufordern* ist die Pflicht eines Staatsbürgerstaates. Somit ist die Beteiligung an den Organen eines Staates, wie an den politischen Entscheidungsträgern, den Parteien, notwendig und begründet, gesetzlich zu verankern.

19 - 39 **C** UN-BERICHT: ***Nachhaltigkeit***. Wann begreift die Menschheit, dass nicht Kinder *das Versagen* der Nicht-Weisen verhindern können? Schauen Sie auf die *Natur-Kulturen* und Sie können *alles lernen*, was Sie für die Nachhaltigkeit benötigen.

> Primär ist: Den sofortigen Bevölkerungsstopp und den Rodungsstopp von jeglichen Wäldern endlich einzuleiten!

Das heißt doch einzig und allein, dass *Konzerne und Regierungen* endlich begreifen und zum *Handeln* aufgefordert werden müssen.

Wie lange soll die *Augenwischerei* für die Allgemeinheit noch andauern?

Solange die *Meinungsfreiheit* jeglicher Couleur von Personen und Organisationen *ignoriert wird* und *anhält*, ist das eine *Schattenwelt.*

Und wir kämpfen um den Erhalt unseres einzigartigen Globus!

Nur wann beginnt die *Einsicht* hierzu?

19 - 39 **C *Erzieher*** fehlen? *NEIN*, es fehlt die *Bereitschaft* der Eltern, ihre Kinder selbst zu „erziehen". Es ist lediglich die Absicht der dominanten Führungselite, selbigen Weg zu propagieren! Eltern, welche ihr Kind selbst erziehen, brauchen etwas länger Zeit dafür, doch die *Belohnung* erfolgt etwas später.

19 - 39 **C** Mord und ***Totschlag***. Wollen Sie die „Politik" gänzlich den Menschen der bloß geistigen „Elite" überlassen?

Dann nur weiter so! Nach jeder *gegenteiligen Meinung*, was einer Gruppe nicht passt, erfolgen Drohungen unmenschlicher und insbesondere zwischenmenschlicher, unsachlicher „Verbal-Politik" abscheulichsten Ausmaßes.

Mit diesem „Politikstil" ernten sie nur das Gegenteil! Oder ist das gerade ihre Absicht?

Und zudem verleiden sie in Gänze der Allgemeinheit die letzten politisch Engagierten.

Das Gegenteil sollten Sie einzuleiten versuchen.

Weil es keine fundierte Sachlichkeit mehr zu geben scheint, wird jedoch nach „Trumpeltier"-Methode alles in den Schmutz gezogen. Die gezielte Manipulation von eigenen Vorhaben.

19 - 40 **C *„Neue Soziale Marktwirtschaft"*** zeugt von der Unfähigkeit, politische Entscheidungen zu treffen, anstatt ein paar *sinnvolle, sinnmachende Reformen* durchzuführen!

Damit nicht noch mehr *falsche Signale* gesetzt werden!

19 - 40 C ***Global. An alle Regierungen***: Fördert den *Hanf/Flachs*-ANBAU!

>> 3.000 % bessere und effektivere Nutzung als PAPIER aus Holz! <<

In einem Jahr Ernte anstatt mindestens 30 Jahre für Bäume und 10 % bessere Ausnutzung. *STOPPT die Wälder-Rodung.* Bald fehlt der Menschheit das *Süßwasser*, ganz abgesehen von der *Häufung von Unwettern*!

19 - 40 **A** 500 *Jahre* kann gepredigt werden, was ***Vernünftige*** als gültige, zu beachtende *Lebensregeln* erkannt haben, und sie werden nicht befolgt.

Stattdessen kommt ein „Schwachsinniger" daher und alle glauben ihm. Unterdessen bringt die *Menschheit* sich damit um, macht sich das *Leben* schwer, anstatt einmal vernünftig zu sein, aber auf Dauer erfolgt kein *positiver Effekt*.

19 - 40 **A** Diese *Gesellschaft*, die letzte ***Generation,*** hat keine Scham mehr, ihr eigenes Fleisch und Blut zu denunzieren, ihr eigenes Land, ihre eigenen Körper zu verkaufen, wie man Gegenstände austauscht, wenn sie verbraucht sind oder man ihrer überdrüssig ist.

Was in *Jahrhunderten*, ja Jahrtausenden, gewachsen ist, wird verramscht, ohne Wert in die Gosse geschmissen.

Ist das Leben, menschliches Leben?

Was glaubt Ihr, von welchem Planeten Ihr da stammt?

Es gibt nur diesen ‚einen' und das ist alles, was Ihr damit anzufangen wisst?

Das ist die *Konsequenz* ohne *Erziehung*. Schlechter als Tiere, denn die verhalten sich sozialer! Nur gedroschene Phrasen hat man im Kopf, oder?

In den 68-ern waren es 26-Jährige, in den 18-ern sind es 16-Jährige und in den 48-ern werden wir von 6-jährigen eines Besseren belehrt?

Weil, ja weil, warum bloß?

Weil das *weise Alter* nicht mehr geachtet wird, sondern der *Wachstumsboom* zusammenbricht.

So wird Stephen Hawking's These sich wohl bewahrheiten. In 10.000 Jahren gibt es die Spezies Mensch nicht mehr, anstatt 100'000 alt zu werden. Und warum? Weil man immer schon schlauer ist, bevor man des reifere Alter erreicht hat. Und die „Alten" nicht wissen, dass man sich für einen „*Bürgerstaat*" auch engagieren muss und zwar *alle Bürger*. Sonst regieren schizophrene Typen ‚unser Land'. Von denen ist nichts zu erwarten als Chaos, Mord und Totschlag, Terror.

> Darum Bürger, ohne Euer *Team-Management* erhalten wir keine *gesunde Gesellschaft* mehr, welche es wert ist, darin zu leben. *Euer eigenes Leben*!

Dazu: Die Demostie als Volksgemeinde mit Parlamentarischer-Regierungs-Form, die All-Parteien-Regierung ab einer Beteiligung mit 1,67 %.

19 - 40 **A *Schont unsere Wälder***! Zur Papiergewinnung! *Baut dafür Hanf* (cannabisarme Sorten) an und Flachs als blaublühendes Gewächs zur Fasergewinnung und Papiererzeugung aus Hanf >> So werden unsere Wälder geschont. Außerdem beträgt die Ausbeute 10 % bessere Erträge. Außerdem ist Hanf/Flachs in einem Jahr erntereif, während Bäume mindestens 30 Jahre benötigen.

Wälder sind für den *Wasserhaushalt* der Erde unumgänglich und für die Vielfalt der *Fauna und Flora*! Außerdem erhalten wir die *Süßwasservorräte der Menschheit*!

Widerlegt somit den Ausspruch eines „schizophrenen" Mannes der 1930er-Jahre, dass Hanf Halluzinationen hervorruft! Seitdem wird der gesamte Hanfanbau, auch unproblematischer Sorten, verunglimpft und verteufelt und ist aus der Papiererzeugung verdrängt worden.

Widersetzt Euch *dieser Behauptung* und nutzt den Anbau von Hanf zur Papiergewinnung. Er ermöglicht bessere Erträge, leichtere Gewinnung und den Erhalt der Ur-, Regen- und Nutzwälder. Zur Erhaltung unseres *lebensnotwendigen Süßwassers* unumgänglich!

Nutzt die bessere *Effektivität* des Hanf-/Flachsanbaus gegenüber der Holznutzung.

Erhebt sie zur *Kulturpflanze 2020*er-Jahre! Legalisiert den Hanfanbau der unproblematischen Sorten. Alle Regierungen des Globus sollen Förderungen ausschreiben!

Eine Anekdote hierzu: Durch den Tod meines Onkels im Lazarett 1944 erbte ich eine Sommerhose aus Leinen. Ich trug sie rasend gern und war aufrichtig stolz, sie tragen zu dürfen.

19 - 40 **C** Wann ***begreift*** diese *Menschheit*? Wenn's genug ist, ist's *genug*! UN – Eine Milliarde Menschen hungern angeblich! Das heißt, eine Milliarde zu viel! Und immer mehr? Hat der Hunger nach mehr Nachwuchs kein Begrenzung? Doch nur in unterentwickelten Ländern, weil man keine andere *Chance* sieht? *Wie ungleich ist diese Menschheit*? Dass die Unverschämtheit der Ausnutzung nicht unbegrenzt sein kann? Sondern dass ebenso *Grenzen* zu setzen sind! *Doch wann wird das endlich begriffen*? Dass es nicht unendlich so weitergehen kann? Ebenso die Wachstumsschraube endlich zur *Deflation* mutiert wird? Weniger kann auch MEHR sein!

19 - 40 **A *Begriffe*** der *Nation*, der *Rasse* können durch nichts *anderes* ersetzt werden. Deswegen sollten wir uns hüten, sie abzuwerten. Es hieße, wir zögen uns selbst in die *Tiefen* des menschlichen Abgrundes.

Wir sollten uns deshalb bemühen und hüten, uns weismachen zu lassen, es seien Begriffe, welche einer Tabuzone entsprächen und zuzuordnen seien.

Diese *Versuche*, uns weiszumachen, wie wir uns zu *verhalten* hätten, sind obskure *Diktate* eines Teils unserer Homo sapiens. Wir sollten uns vehement diesen Versuchen entziehen und unseren eigenen *Habitus* nicht aufgeben oder verkaufen. Wir würden unweigerlich und postwendend bestraft und dies kann uns die *Selbstaufgabe* kosten.

Der Begriff „Weib", der zur abwertenden Bezeichnung geworden ist, ist jedoch durch Frau ersetzt worden. Beliebig aber ist dies nicht möglich.

19 - 40 **A** Die ***Entwertung*** und *Entwertungsmentalität* erfasst mittlerweile viele gesellschaftliche *Bereiche*. Die *beispielloseste* ist die Geldentwertung durch Aufgabe der *Gold-Wert-Stabilität*. Eine andere ist die kulturelle Entwertung, welche inzwischen viele Lebensbereiche erfasst hat, und die sittliche Entwertung, welche vielerlei Spielarten umfasst. Allesamt negative Erscheinungsweisen und -bilder.

Dagegen gibt es auch *positive* der Entbehrung, der Entschleunigung und so weiter, wie Deflation.

FAZIT: Wir sollten die *letztgenannten* stärker wahrnehmen, beachten und erlebbar machen.

19 - 40 **C** Was können *Männer* in der ***großen Politik***? Und was leisten *Frauen* in der ***großen Politik***? [Ein *allgemein-politisches Essay*]

Von Greta Thunberg bis Theresa May? Und Karl Marx bis Kaiser Wilhelm?

Vier Fragen, welche nur mit *einer Frage* beantwortet werden können: Was *leisten* sie für die *Gerechtigkeit* und den *Frieden* in der *Welt*?

Sie sind alle Versager und *leisten NICHTS*, was die Welt gerechter und/oder friedlicher gemacht hätte.

FAZIT: Weil ihnen das *Grundkonzept* fehlt, was zumindest Martin Luther in Ansätzen gehabt und bewerkstelligt hat, um aus einem korrupten Verein eine einigermaßen gemäßigtere und etwas gerechtere Welt zu etablieren.

Alle haben gemeinsam, dass ihre Bemühungen nur Versuche darstellten.

>> Das kann aber nur gelingen, wenn wir alle ins Boot holen. >>> Wenn jeder Verantwortung übernimmt und in einer Parlamentarischen All-Parteien-Regierung gegenzeichnen muss! Der P.R.F. eines

demostischen Staatswesens der Verantwortung und Rechenschaftslegung.

Deshalb wird es notwendig sein, dass sich wirklich alle Staatsbürger ihrer Verantwortung für ein funktionierendes Staatswesen bewusst werden und sein können. Dieses Bewusstsein mittragen *zu ihrer und ALLER Vorteil und ALLER Nutzen.*

Das heißt: einzig und allein eine *neue Grundordnung* des zwischen- und mitmenschlichen Verhaltens einzuführen.

Es ist nicht viel, was in ein anderes Bewusstsein überführt werden kann und muss, was jedoch von jedem mitzutragen ist und durch eine minimale Änderung der *Zugehörigkeiten erfolgen kann: Siehe ZGH I bis III*! Und zwar:

Nationale (I), kommunal-politische (II) und schließlich Die Freie ZGH (III) jedes Staatsbürgers, die er mit seinem persönlichen GestaltungsRecht (GSTRecht) zu verantworten hat.

Zugehörigkeit II. Mit der Geburt bin ich nicht nur ein neuer Erdenbürger, somit einer nationalen ZGH I zugehörig, sondern auch immer ein Neu-Bürger, welcher einem kommunal-politischen Verein zugehörig zu sein hat, um einem Staat als Staatsbürger angehören zu können.

Dann erst kann ich meine Rechte als Staatsbürger in Anspruch nehmen. Zu den Rechten gehören immer auch Pflichten, welche für einen Staatsbürger immer billig zu begleichen sein müssen.

FAZIT: Eine kommunal-politische ZGH II ist demnach nicht mehr ein „freies“ Recht eines Staatsbürgers, sondern seine Identifikation seiner Selbstbestimmung.

Die Zugehörigkeit III ist die alte/neue Gestaltungszone eines Staatsbürgers, in der er sich womöglich einen fagW‘BL-ALGE zulegen kann, nachdem eine religiöse oder kommunal-politische Partei-en-Vereinszugehörigkeit keine Tabu-Zone mehr ist.

Kann und Muss seiner Gestaltung für ein ALGE-/-fag W'BEL ist das freie Gestaltungsrecht eines Staatsbürgers.

Mit diesem freien ZGH III geht das GSTRecht einher und macht jedoch die Verpflichtung fiktiv, sich in den nationalen Staatsbürgerpflichten und Ordnungen einzurichten. Das Grundgesetzliche anzuerkennen, ebenso, wie sich Regierungen daran zu halten haben. Siehe auch BGB und HuGG.

GSTRecht und ZGH III sind jedem Bürger zustehende Rechte. Wird dieses Recht oder werden diese Rechte verletzt, hat der Staatsbürger die Konsequenzen daraus zu erdulden.

Das kann verschiedene Grade der *Ordnungswidrigkeiten* beinhalten, einschließlich der *Exekutive, der Gerichtsbarkeiten.*

FAZIT: Somit sind *Grundzugehörigkeiten* festgezurrt. Jedoch ist die Zugehörigkeit III der freien Ausübung eines Staatsbürgers mit einer disziplinarischen Ausübung seiner nationalen ZGH verbunden. Die kann mit disziplinarischen Mitteln gehandhabt und geahndet werden.

Ein *Staat hat das Exekutivrecht*, um dies zu bewerkstelligen und seinen nationalen Status zu erhalten.

ZGH I ist demnach immer die nationale ZGH; dann die kommunal-politische Vereins-ZGH II sowie ZGH III der freien Ausübung des GSTRechts eines Staatsbürgers.

Die neue Gesetzliche Definition einer StaatsBürgerSchaft [GSBS] mit ZGH I bis III mit GSTRecht hat Folgendes zu beinhalten: die Neue GSBS!

Was Bundeskanzlerin Merkel mit Einleitung der religiösen Freiheit gemeint haben kann, war gerade das ganze Gegenteil von Gerechtigkeit, Freiheit und Friedlichkeit aller Gesinnungen, nämlich Ausspielung und Bevormundung. Alle nur denkbaren Register einer Destabilisierung der Gesellschaften in Fortführung der bevorzugten US-amerikanischen Denk- und Vorgehensweise seit dem Zweiten Weltkrieg!

Liebe Mitbürger, wenn Ihr ein gerechtes, friedsames und umweltbewusstes Miteinander aller Völker anstreben solltet, so schlagt ein, in eine demostistische, Gemeinde würdigen, nämlich zu allen Gruppierungen einer Volksgemeinde gehörenden, welche uns zu einer möglichen menschenwürdigen Identität führt, zur Demostie mit Parlamentarischer-Regierungsform!

19 - 41 **D** Liebe ***Eltern,*** wäre es denn möglich, dass Ihr Eure Kinder bis zu einem Alter von drei Jahren selbst erzieht?

Die Kinder brauchen Euch Mütter, Ihr seid durch nichts zu ersetzen.

Betriebe sollten ein Einsehen haben und eine Möglichkeit für eine Weiterbeschäftigung finden. Es ist der Nachwuchs, den Ihr eventuell für Eure Betriebe benötigt:

Verwaltungen, Betriebe, Eltern: Bitte gebt Euren ***Kleinstkindern*** eine *dreijährige Chance,* bei den *Eltern, bei den Müttern* aufzuwachsen und familiäre *Wärme und Liebe* zu erfahren. Dankeschön!

Vernunft ist nicht angeboren, sondern sie muss angelernt oder anerzogen werden. Jegliche Kita-Erzieher sind damit überfordert. Das Kind erleidet *Mängel,* welche später nicht mehr behoben werden können. Sie sind *irreparabel* geworden.

19 - 42 **A** ***Prägung*** von *Begriffen.* Eine deutsche Hausfrau wurde durch Prägung des Zitat‘s des *„Eisernen Vorhangs“* durch Churchill weltbekannt. Und verhalf mir zur persönlichen Freiheit, indem ich diese Vision in die Tat umsetzte. So ist es heute mein Begriff > der > „Einer *anderen Landwirtschaft“* < durch Sarah Wiener mit Bezug auf die Bienenerhaltung. Andere werden folgen, wie die Umstruktu-

rierung der Solidaritätszuschläge und des Nachhaltigkeitsgedankens!

Das geschah teilweise, weil Österreich und die Oberlausitz/Schlesien lange Zeit österreichisch waren, bevor Preußen es okkupierte. So haben wir immer noch ein gemeinsames Sprachdenken.

19 - 42 **C** Ist es besser, einer ***Doktrin*** zu folgen oder dem *parlamentarischen Gewissen*? Zu dem eigentlich jeder Abgeordnete verpflichtet wäre, ja wenn nicht die *Regierungsdoktrin* das Sagen hätte.

Nur eine P*arlamentarische-Regierungs-Form* kann hier Abhilfe schaffen. Doch haben wir diese? Nur bei überparteilichen Abstimmungen ist dies der Fall. Deshalb ist die *Demostie, als Volksgemeinde* mit der Parlamentarischen- Regierungs-Form, das Nonplusultra!

19 - 42 **C** ***Kommunen*** und *Wirtschaft*. Was haben sie gemeinsam? ZU WACHSEN! Doch ist das *zukunftsträchtig*? Sollte man sich nicht lieber mit der Zukunft beschäftigen und mit ihren realen *Möglichkeiten,* welche sich mit der *Nachhaltigkeit* vereinbaren lassen?

Wäre da nicht p*olitische Voraussicht* besser, um dem Kommerz des Wachstums Grenzen zu setzen? Von wem ist dieser *Vorausblick* zu erwarten?

> 1) Von Parteien, welche nur eines kennen: Die Erträge zu erweitern und umzuverteilen?
> 2) Von Parteien, welche Jahrtausende in Stagnation verfallen?
>
> *Oder etwa von Parteien, welche Visionen umsetzen können, Reformen angehen, auch wenn sie nicht gleich von der Mehrheit befürwortet werden? Welche man aber mit nachhaltigem Wachstum gleichsetzen kann und zu lenken imstande ist?*

Auf die Frage, ja welche denn? > Ja, vielleicht letztere, wenn man mit offenen Augen durch die Brille schaut und Informationen einholt – ohne Vorurteil, Missverständnis oder gar abträgliche Phantasie, sondern vorurteilsfrei.

> *Welche der Parteien dafür in Frage käme? Welche diese Erkenntnisse ohne Rücksicht auf demoskopische Beurteilungen umzusetzen verstünde?*

Es ist eine große *Herausforderung*, sich gegen den Trend von Umfragen zu stellen und auf neue Wege in einer verfahrenen Situation zu begeben. Das ist aber gerade hier vonnöten und nur mit einiger Zuversicht und engagierter Courage, das heißt Zivilcourage, zu meistern und zu bewältigen.

> *Dann folgen* Sie bitte „SKEPPINE – SALBSCH" mit seinen Anregungen und Ausführungen für eine menschenwürdige Gesellschaft und die *kommunale Bewältigung* von Gesellschaften mit einer *Parlamentarischen-Regierungs-Form.* Wir können Anregungen geben, jedoch die Ausübung liegt in *Ihren Händen.* Darum *Bürger,* zeigt Mut und nehmt ein *Engagement* auf, um schließlich <u>*Eure eigene Zukunft*</u> mitzugestalten.

Es anderen zu überlassen, heißt, sich dem Schicksal zu ergeben.

Oder kann es vielleicht heißen, ich habe mitgewirkt, an der kommunalen Welt, welche uns heute umgibt!

<u>ZITAT:</u> Schafft den *Menschen* ab, die *Erde* braucht uns nicht! (SALBSCH)

> Ohne Begrenzung der *Erdbevölkerung*, kein Entrinnen, kein Frieden, keine
> Gleichberechtigung gegenüber *Fauna und Flora.*

Nur wenn wir diese wieder *hergestellt* haben, haben wir eine *Chance*, als *Menschheit* ernst genommen zu werden.

19 - 42 **D** Man erkennt den ***Wert*** oft erst hinterher, wenn man dessen verlustig ist.

Nach den *Sechzigern* die *Siebziger*, doch die Brut dauert etwas länger.

Wir sind gerade dabei, das *Ergebnis* zu erhalten.

Ihr könnt *Euch* vorstellen, dass das nichts Euphorisches sein kann, sondern Kalkuliertes, Absonderliches. Es wird wiederum Jahrzehnte benötigen. Vielleicht erst nach einer harten *Rezession aller* kulturellen und materiellen *Werte.*

Doch das *Wiedererstarken* wird umso länger benötigen. Wenn es denn, wenn überhaupt, stattfinden kann. *Verlust ist verlustig* und nur schwer wieder zu entdecken und aufzubauen. Aber eventuell bedeutet das ja gerade *Evolution.*

19 - 42 **C** Wenn wir ***extreme*** Parteien nicht mehr wählen wollen, müssten wir aber ‚alternative Parteien' vorfinden können. Die sind vielleicht vorhanden, aber als „neue gemäßigte Volksparteien" nicht gerade geeignet.

FAZIT: Wollen wir uns zusammensetzen und derartiges etablieren? Der Kontakt-„Raum" ist geöffnet.

Ich bin bereit, das mitzutragen, wobei ich kleine, aber umso mehr sinnvolle und sinnmachende Beiträge dazu liefern könnte und möchte.

Wie sieht es aus? Der neue „Soli" könnte unser erster kommunal-politischer Beitrag sein. Um dringende Unterstützung wird noch gebeten. In zwei Wochen haben zwei Drittel schon unterschrieben. Sind Sie der nächste? Und teilen Sie mit Ihren Freunden und Bekannten? Inzwischen boykottiert! Weil es zukunftsträchtig wäre?

19 - 42 **C *Gelingen.*** Wenn es uns *nicht gelingt*, uns von pathologischen „Führungskräften" zu befreien, erleidet die ‚Menschheit' ein desaströses Fiasko. Nur eine P.R.F. mit demostistischer Verwaltungsarbeit, die in der Gänze in Nationen etabliert ist, kann mit einer Gesundung des gesamten Staatswesens und somit einer staatsbürgerschaftsgerechten Verwaltung einhergehen.

Der Mangel an geeignetem ‚Führungspotential' lässt uns keine andere Wahl. Und zudem kann es ja wirklich die mehrheitsbeglückende

Erschaffung der Verwaltungsarbeit sein, mit welcher Völkergemeinschaften leben sollten, die die solideste Form eines kommunal-politischen Systems darstellen.

FAZIT: Womöglich stellt es die beste Regierungsform dar, der wir als Völkergemeinschaften fähig sind. Die sogenannte „demokratische Form“ als all-heilsame Volksverwaltung sollte besser abtreten. Weil sie ihren ursprünglichen zugrundeliegenden, einer vielversprechenden Regierungsform, sich besser selbst den Abgang einleiten sollte, wie es bereits anderen Regierungsformen ergangen ist, mehr oder weniger freiwillig beendet worden sind. Und dafür die Demostie wählen, als parlamentarische Regierungsform einer „Volksgemeinde“

Leiten wir eine volksgemeindliche Art der Regierung ein: Die Demostie, als ‚neue Dimension‘ der Verwaltung von Nationen.

19 - 42 **C** [Wi-P] Ein ***Economy-Essay***. Zum Ökonomischen Beitrag des TV-Senders „arte“: Reihe: „Arbeit – Lohn – Profit – Markt“ ,

das heißt: Wirtschaft + Kapital (neuer Begriff fällig? = FinanzGrund)

ALM und FinanzGrund plus Profit!

Gut steuerungsfähig + weniger gut steuerungsfähig oder umgekehrt?

Wäre das der Fall, könnte man *Wirtschaft und FinanzGrund* umso besser beziehungsweise leichter *regulieren*! Wird davon etwas getan? Nein, man belässt die „Märkte“ mehr oder weniger sich selbst!

> Ein fataler Fehler. Siehe globale Inflation der Monopole! Somit werden *Steuerungsmechanismen* aus der Hand gegeben.
> Und *Regierungen* sowie ideelle Dogmen zementieren diesen Zustand noch beträchtlich!

FAZIT: Wir bedürfen *neuer Regelungen*, um dieses *krisenträchtige Szenario* zu entkräften und in einen neuen, besser *ausbalancierten Zustand* zu versetzen.

Vor allen Dingen die pathologischen Auswüchse *widersprüchlicher Subventionen* zu beschneiden und auszumerzen.

19 - 42 **A *IWF*** prognostiziert weniger Wachstum: nur 3 %! Ist doch herrlich! Immer noch viel zu hoch!

Null Wachstum, ja „Negativ“-Wachstum. Zinsen sind ebenfalls negativ.

Passt doch alles!?

<u>*Nein,*</u> *ist alles „bescheiden“*: NULL-WACHSTUM und ZINSEN rauf ist die DEVISE, nach der wir *nachhaltig leben* können!

Außerdem: Wenn Kinder/Erwachsene schlecht ernährt sind? Worauf lässt das schließen? *Zu viel Bevölkerung*! Und außerdem: Wenn wir uns gesünder ernähren und weniger Industrienahrung zu uns nehmen sollen, kann das nur heißen, noch weniger Bevölkerung!

Innerhalb von 30 Jahren kann es den *Kollaps* geben, wenn wir nicht schon *jetzt gegensteuern*!

19 - 42 **C** Man darf einen ***Diktator*** nicht gewähren lassen. Er dient nicht dem Volk, sondern will ein *Volk ausradieren.*

Darum *Bürger, engagiert* Euch, bevor es dazu kommt.

Nur Religion ist *schmutziges Menschenwerk* und durch *Dogmen* manifestiert.

19 - 42 **C** [hohe Priorität als ***politisches Essay]*** Der ***Staat*** hat dafür Sorge zu tragen, dass sich eine *ausgewogene Gesellschaft* bilden kann und extreme *Verschiebungen* ausbleiben!

Das setzt jedoch voraus, dass *Ungleichheiten* rigoros gedämpft werden müssen; das heißt, keine „Seite“ hat hier Priorität! Auf keinen Fall ist hier lautstark die Gegenseite zu ihrer Einstellung zu bewegen, als Mittel zur Einschüchterung zu benutzen.

Es muss gleichermaßen garantiert sein, dass jeder *Extremismus* in seinen *Ursprüngen* nivelliert wird. Selbst wenn er von einigen Teilen der *Bevölkerung* mitgetragen werden sollte.

> Extremismus ist die „Brandbombe“ von Revolutionen. Die können wir nicht dulden. *Revolutionen* sind wie „Brandbeschleuniger“ der Extreme.

FAZIT: Durch *humanitäre Bildung* soll sichergestellt werden, dass diese *extremen Auswüchse* in einer Gesellschaft unterbleiben.

Ebenso ist die *Wehrpflicht* jedes *Bundesbürgers* wieder einzuführen.

Keine „Berufsarmee", welche – wie Legionäre – zu ‚Machteinsätzen' missbraucht wird.

Ferner benötigen wir ein ‚Seerecht', aufgrund der missbräuchlichen Benutzung des ungeschriebenen *Seerechts der Seenotrettung*!

Die „Schlepper-Generation" gehört rigoros ausgemerzt. Ebenso muss ein politischer Verwaltungsberuf in die Pipeline der Bildungseinrichtungen gebracht werden.

19 - 42 A [Essay] Eine ***philosophische Grundbetrachtung.***

Wenn der Mensch, das *geniale Wesen*, so viel *Technisches* erfinden kann, dass er sich schließlich damit Selbst ausrangiert!

Der Mensch wird überflüssig. Wir, das heißt, die Technik, braucht den Menschen nicht mehr. Die Technik verselbständigt sich total.

Ist es das, was der Mensch will?

Sich selbst überflüssig machen? Wozu benötigen wir noch all die Menschen auf diesem Planeten? Zum Spielen und Spekulieren?

Zum Vernichten all der guten Dinge, die den Menschen alter Prägung umgeben?

Soll die ‚Klassik' in all *ihren Prägungen* über Bord geworfen werden? Wie das zurzeit mit „Plastikmüll" geschieht und alle natürlichen Ressourcen, zu denen unsere Umwelt ebenso gehört, und Schätze aus dem Inneren unserer Erde zugemüllt werden?

Ist das die „Zukunft", welche der Homo sapiens sich selbst aneignet und forciert?

Bleibt nur festzustellen: Alles hat seine *Grenzen*! Die Umwelt, die Freiheit, als die *Gestaltungsfreiheit* des Homo sapiens, ebenfalls ! *Be-*

sinnen wir uns auf die sinnvollen Betätigungen und die sinnmachende Gestaltungsfreiheit des Menschen. Es gäbe genug zu erledigen, was wir betrachten könnten.

19 - 42 **A** Im Ostteil (neue Bundesländer) geht man viel *großzügiger* mit ***Ressourcen*** um, welche von der Westbevölkerung unter harten Bedingungen mühsam errungen wurden.

Das scheint auf einige Sektoren zuzutreffen. Dies jedoch auf Kosten ideologischer Präventionen umzudeuten, könnte verheerende Folgen haben. Auf beiden Seiten.

> Eine Angleichung der Mentalitäten scheint utopisch. Kaum zu glauben, was so ein fataler Unterschied verschiedener ideologischer Systeme zur Folge haben kann.

Ein gewachsenes Volk derart zu trennen, dass eine Rückbau-Besinnung unglaublich erscheint.

19 - 42 **D** Wo ***fag-W'BL*** nicht allein instruiert werden kann, sind Hilfskurse vonnöten und einzurichten.

Das kann in den *ALGE-Treffpunkten*[9] vonstattengehen. Von acht bis 80 Jahren in allgemeiner Lebensführung, alles das, was für's Leben benötigt wird / für den täglichen Gebrauch wichtig sein kann: Gesundheitliches, Praktisches, Nützliches.

MOTTO: Gehen wir in's ALGE![10] Kommt IHR mit? Mit Ausschank alkoholfreier Getränke wie Tee, Wasser (Kaffee gegen Gebühr).

19 - 42 **A** [change.org Petition? Und GG!] ***Streik-Verbot*** gehört in die *Verfassung*. Nur *Verhandlungsweg*! Europaweit! Auf Kosten der Arbeitnehmer (AN) wird hier pervers schmutzige Politik gemacht. Und nicht zugunsten der AN. Der AN ist nicht autonom genug, um das einzusehen. *Macht Schluss* mit diesen schmutzigen Praktiken! Sie nutzen keinem.

---

9 kostenlose Unterrichtung

10 über verschiedene Monitore der verschiedenen Bereiche

Alles Milchmädchenrechnungen auf Kosten der *Umwelt, des Menschen, der Allgemeinheit und verschiedener gesundheitlicher Aspekte!*

Mehr „Staats"-Aufsicht, mehr Beobachtungen der allgemeinen Praktiken von Erzeugung und Produktion für die allgemeinen Gebrauchsgüter.

19 - 42 **D *[Episode***] *Ohne Verstand – kein Leben.Ohne Vernunft und Gefühl – kein menschliches Wesen.*

19 - 43 **A *Wettbewerb*** JA , *Preisdiktaturen* NEIN!

> *weder nach oben noch nach unten*!

19 - 43 **C** Die ***Demokratie*** wird beschlichen von verschiedenen Seiten. Von *Ideologien*, die man für beendet hielt.

> Wenn wir selbige nicht rigoros in die *Schranken* weisen, kann es kein friedliches *Miteinander* aller Denker geben.
> Diese *Aufgabe* ist jedoch eine der schwierigsten der Nachkriegsgeschichte Deutschlands und Europas.
> Es muss gleichermaßen von allen *Nationen und Staaten* forciert werden können, dass es keine *Wiedergutmachungen* geben kann, wenn wir die Geschichte beständig auf ihre Versäumnisse aufmerksam machen wollen. Keiner, kein Staat hat eine weiße Weste vorzuweisen.

Also lasst Gras darüber wachsen. Das ist die einzige Möglichkeit, die Gemüter zu beruhigen und friedsame Zustände herbeizuzitieren.

19 - 43 **A** *Planbarkeit* – ***Kinderwunsch***. Ist nicht immer ein Segen, sondern kann sich zum Dilemma ausweiten. Wenn man nicht die Einsicht aufbringen will, dass das *Allgemeinwoh*l darunter leidet.

> Die *Gemeinschaft* leidet unter diesem Szenario, die Allgemeinheit ebenso. Die Besatzung des Raumschiffes Erde ist vom Untergang der elitären Volksstämme bedroht.
> Wohlstand ist nicht alles. Man kann es sich auch zu bequem machen. Ein Auto hat auch Platz für *drei Kinder*.

19 - 43 **A *Erbschaften*.** Wenn man Erbe wird durch Geburt, somit durch *Identität der Vererbung*, ist man erbberechtigt. Man nimmt dieses Erbe an, was am wahrscheinlichsten und am gebräuchlichsten ist, weil es oft gar nicht anders möglich ist. Oder man schlägt Besitz, Schulden, also das Erbe aus einem Nachlass aus. Somit tritt man den Nachlass nicht an. Jetzt gibt es noch eine *dritte Variante*, nämlich, dass man die ganze *Herkunft* leugnet. Und diese scheint im Moment die gebräuchlichste und schändlichste zugleich zu sein. Diesen Verfall von Gesellschaften zu beschreiben, ist nicht nur mehr autonom, sondern abscheulich.

19 - 43 **C *Alternative*.** Wir möchten die Alternative zur Alternativen Deutschlands sein. Oder möchten Sie eine von unseren verhunzten Parteien wählen? Nicht wählen geht nicht, nur ungültig stimmen auch nicht. > Deswegen benötigen wir also eine *‚menschenwürdige Alternative‘*! Das ist wie zur Weimarer Republik. Wenn man ihr gefolgt wäre, führe man heute in ruhigerem Fahrwasser. Oder können Sie sich eine andere kommunale Staatsverwaltung vorstellen? Ja, dann wählen wir die griechische, als selbstverwaltende Gemeindeverwaltung bis in die Spitzen der Kommunen, nach gutem Vorbild des Freiherr vom Stein.

19 - 43 **C *Alternative*.** Es ist die *Dankbarkeit des Lebens*.

Dankbar zu sein, zuerst dafür, dass das Leben einem geschenkt wurde;

Dankbar zu sein für das, was man geschenkt bekommt;

Dankbar zu sein, für das, was einem zuteilwird;

Dankbar zu sein für alles im Leben.

Es ist das Novum, das einem zuteilwerden kann.

Und eines noch: Das Umfeld, in welches man ‚hineingeboren‘ wurde, das einem zuteilwurde, zu erleben. Und abermals, was einem als *Lebensumstand* zuteilwurde, empfangen zu haben.

Es ist der *Umstand*, den *einem das Schicksal* zuteilwerden ließ. Und zugleich Mahnung und Ermahnung. Eine Mahnung, ein Schicksal mitzutragen von unerschütterlichem Ausmaß, das der familiären Umstände!

Ein *tragisches Schicksal*, das einem täglich vor Augen führt, dankbar zu sein für das, was man an Gutem vorfindet und was einem an Gutem wiederum zuteilwird.

Dankbarkeit zu bezeugen.

19 - 43 **D** [ein allgemeines **Essay**] ***Was es heißt***, hochnäsig zu sein oder gar überheblich, ist nicht abzusehen. Es ist nicht abzusehen, welche Pein es einst sein kann.

> Deshalb *Bürger*, versucht, auf dem Boden der *Tatsachen* zu bleiben und niemandes *Schicksal* derart herauszufordern bis es Euch zermartert. Ja, es ist eine *Marter*, wenn sie einen erreicht hat. Dann jedoch ist es zu spät, dafür etwas tun zu wollen.
> In *jedem Buch, in jedweder Absicht ist ein Quäntchen Wahrheit enthalten*. So seid Ihr gemahnt, nichts als wertlos zu erachten, sondern immer bedacht zu sein, es zu ehren und nicht in den Schmutz zu ziehen. Das, was für Euer Leben schließlich von Bedeutung und Nützlichkeit ist, das, was in unserem Leben, in unserem Körper von beachtlicher Bedeutung, ja Mächtigkeit sein könnte:
> Einer Wertigkeit zu unterziehen – jeder noch so kleine Wurm – ja, wie wir heute wissen, sind es Bakterien, welche für unser Leben so wichtig sind. Wenn wir auch nicht alles wissen, ein- und abschätzen können, was für uns von Wichtigkeit und Bedeutung ist und sein kann, so ist es eben, den Glauben des *Nicht-Wissens* als das zu ‚Glaubende' einzustufen. Das kann für *unser Leben* von *ziemlich bestimmender Mitwirkung* und von *erheblicher Bedeutung* sein.

Es können keine guten Ideologien sein, welche diesem mächtigen Standpunkt keine Beachtung zukommen lassen wollen, welche sich aber erdreisten, unser *Dasein* bestimmen zu wollen.

FAZIT: Es kann etwas von erheblicher Gesetzmäßigkeit sein, ja, die Bedeutung von *grundgesetzlicher Mächtigkeit* in sich haben.

Man muss deshalb *unterscheiden*, was diesem Standpunkt entspricht und was nicht!

Ersteres hat also die *Wichtigkeit, als erstes* gelehrt zu werden und gehört in den *Grundkonsens der Unterrichtung.*

Letzteres ist in dem Zusatz-, beziehungsweise freiwilligen Nachmittagsunterricht unterzubringen.

Es ist wie das Lernen von Lesen und Schreiben, wie das Einmaleins der Bildung zu handhaben.

Geschichte hat doch das Gegenteil bewiesen. Siehe Kommunismus. Auch der letzte kommunistische Staat wird eines Tages begraben sein!

19 - 44 **A** In der ***ethnischen Vielfalt.***

Man soll das Maß der *Selbstüberschätzung* eines pathologischen „Gens" nicht hinnehmen und sich gar unterwerfen aus einem billigen, devoten Grund.

19 - 44 **C** Auf ***Arabien*** stehen sich die *Großmächte* USA und Russland *indirekt gegenüber*!

Es dürfte doch der *letzte Punkt* sein, wo sich absterbende „Dynastien" begegnen und ihr *Waterloo* begründen und erfahren werden.

19 - 44 **A *„Bio"-Landwirtschaft*** und *ihre Besonderheiten*:

Die gesellschaftlichen „Bequemlichkeiten" nehmen ihren Ursprung zuhauf in Anspruch für jedes „Misslingen" in der gesellschaftlichen Bewirtschaftung jeglicher Bereiche!

Ein Zustand, den man schleunigst beheben sollte und muss!

Wenn *Dünger* (Kunst- und Naturdünger) nicht „proportionsgerecht" zubereitet wird, entpuppt er sich zum gegensätzlichen Gebrauch.

Wo das „Zubereiten" von biologisch abbaubarem *Kuh-Mist und Kuh-Dung* als der „Gülle" zum *Negativum* wird! *Verunreinigt zudem unser Trinkwasser*!

19 - 44 **B** Muss man immer ***Professor*** sein? Drei meiner Skatbrüder waren *Hochschulabsolventen*, einschließlich meines Bruders, und doch fachlich *inkompetent*. Nur ein *Fachhochschulprofessor* hatte die Kompetenz mit MQ (*Menschlicher Qualität)* anstatt IQ!

Und noch Eines: Bei leisester Aufforderung, *Zivilcourage* zu zeigen, sich zu engagieren, den Rückzug einleiten? Kritik ist leicht geübt, jedoch für ein Engagement, um wichtige Dinge unserer Gesellschaft, das heißt, eigentlich alle betreffend, auch wirklich zu ändern: Fehlanzeige. Wo bleibt da die Zivilcourage? Alle feige? Ein ganzes Volk? Wie 1928? Wie 1933? So auch heute?

19 - 44 **A *Ideologische Systeme*.** Verschiedene Lehren der rein geistigen Systeme, ohne dem *Menschlichen gerecht* zu werden, haben wir zuhauf. Jedoch sind sie allesamt mehr für die menschliche Drangsalierung geeignet, als irgendwelcher Gesamtbeglückung des Menschen zu dienen und gerecht zu werden. Deshalb kann es NUR heißen, alle diese Ideologien aus dem Schul- und Hochschul-/Uni-Bereich zu absorbieren. Sie haben effektiv NICHTS mehr im *Hochschul- und Unterrichtungsbereich* zu suchen.

> Wer sich dazu berufen fühlt, derartige missverständliche Theorien weiterhin zu favorisieren, soll es privat erledigen. Aber der Allgemeinheit sind diese Abnormitäten nicht mehr zuzumuten.

FAZIT: Macht *Schluss mit Ideologien*, die nichts anderes bewirken, als die Menschheit zu geißeln und zu gängeln, anstatt zu beglücken. Aber wie leicht lässt sich dieser Umstand umkehren und missbrauchen.

19 - 44 **A** [Wirtschafts-E***ssay der Medizin***] (In anderen Bereichen fortsetzen!). Heutzutage zum ***Arzt*** zu gehen, ist fast überflüssig. Es sei denn, man benötigt technische Untersuchungen und bürokratische Rezepte und Verordnungen.

Man hilft „zwei Wirtschaftspotentialen“: dem Staat, um Zuzahlungen zu Kranken-Organisationen zu sparen[11] und zum anderen der Phar-

11 Sie erspart gar nichts, im Gegenteil, sie forciert so viele medizinische Bereiche, dass die Ausgaben permanent hoch bleiben. Ebenso wie gesundheitliche Fehlsubventionen geleistet werden, etwa des Palmöls – umweltschädlich obendrein!

ma-Industrie, damit sie „Unmenschliches“ medikamentiert, durch „tierische“ Erforschung kreiert und dem Menschen und dem Krankheitsbild mehr schadet als NUTZT.

FAZIT: Jedermann müsste schon Arzt sein, um dem Arzt sein Krankheitsbild richtig zu schildern und zudem noch seine „Medikamente“ selbst zu kaufen, aus Natur- und Homöopathie-Medizin.

Gegenüber der Naturheilkunde und Homöopathie wird in der Schulmedizin der gravierende Fehler begangen, dass zunächst der ursächliche Bestandteil isoliert und so angewendet wird. Nur für den spontanen, operativen Einsatz gerechtfertigt.

Dagegen ist bei der Naturmedizin das Umfeld des Bestandteils für das Gelingen der Therapie von wesentlicher Bedeutung und die Nebenwirkungen bleiben auf ein geringstmögliches Maß beschränkt.

Das macht die Naturheilkunde und Homöopathie so erfolgreich!

FAZIT: Nur das „Wachstums-Profit“-Streben ist damit nicht zu erzielen, sondern handwerkliche und nachhaltige Produktion ist damit gesichert.

Das sollte Ansporn genug sein, diese *Manufakturen* besser zu fördern und nicht zu verteufeln zugunsten einer monopolistisch ausgerichteten Pharma-Industrie!

19 - 44 **A** [Wirtschafts-***Essay der Medizin***] Wie bekannt > Es sind *Vereine* und solange *keine Neutralität* zu anderen Organisationen als dogmatisch-ideologische Vereine geschaffen wurde, kann es keine *Befriedung* der *Gesellschaften* geben. Und das fängt bei *souveräner Selbstständigkeit* an.

Es ist wie mit Subventionen, um welche sich gelegentlich die Staaten streiten.

19 - 44 **C** [***Essay zur „Großraum-Politik“***] Sollte man das „Osmanische Reich“ wieder aufleben lassen?

Mit voller *Gleichberechtigung* aller Staaten[12]: Libanon, Syrien, Iran, Irak, Kurdistan, Palästina und Türkei? Wobei zuerst Kurdistan (Kur-

12 Voraussetzung: Die Allianzstaaten ziehen sich allesamt aus Arabien zurück!

den müssten sich in den verschiedenen Territorien und Palästina als eigene Staaten gründen). Sodann wäre ein Staatenbund möglich.

FAZIT: Sollte man doch Kurdistan und Palästina zumindest gründen!

(USA lässt sich den Einsatz durch Öllieferungen bezahlen!)

Gleiches gilt für die EU / die restlichen Staaten. Allein die USA ziehen sich aus Europa zurück und nehmen ihre Atomwaffen aus „besetzten Gebieten“ mit!

Ganz gleich, ob Russland sich der EU anschließt oder mit Euro-Asiatischen Staaten einen neuen Bund eingeht.

19 - 44 **A** [***Essay zu Bildung***, *Teil: Schulreform*] Die *Schulreform – man* kann und soll es der Politik nicht allein überlassen, über derart wichtige Themen zu entscheiden und gesetzliche *Tatbestände* zu schaffen.

> *Politiker* sind keine wissenschaftlichen *Fachkräfte*, welche solche tiefgreifenden Entscheidungen folgerichtig treffen können und sollten. Besonders wenn sie nicht von Fachausschüssen begleitet worden sind. Was man von der „Mengenlehre“ eventuell sogar annehmen muss. Sodann sind auch diese „Fachkräfte“ irreparabel inkompetent gewesen!

19 - 44 **C** h ***Neuanfang!*** Was wir benötigen in vielen Bereichen, ist ein gänzlicher Neuanfang! Politisch wie gesellschaftlich.

> Es kann nicht sein, dass wir ca. 75 Jahre *nach Kriegsende für Reparationen* haftbar gemacht werden sollen. Außerdem sind bestehende Verpflichtungen, wie Atomabfall-Entsorgungs-Übernahmen, einzufrieren. Unsere Atommeiler werden eingefroren und rings um Deutschland werden neue Atommeiler errichtet; man braucht sich ja nicht um den giftigen Abfall zu kümmern!

Letzteres trifft auf alle Abfälle zu, welche ein Staat, eine Gesellschaft produziert, der/die selbst für die Abfallentsorgung aufzukommen hat! Alles andere liefe darauf hinaus, sich keine Sorgen um die Abfallwirtschaft machen zu müssen. Das trifft sowohl für den Verbraucher als auch für den Erzeuger zu.

19 - 44 **A** ***Kitas.*** Für Kinder bis zehn Jahre darf es keine *Ganztagsbetreuung* geben. Es läuft schließlich auf *doktrinäre Erziehung* hinaus und diese ist zu verwerfen und am besten nur mit Kursen zu belegen.

19 - 44 **C** ***Menschheit*** der *Industrienationen.* Die Menschen wissen nichts mehr mit *Natur und Naturprodukten* anzufangen. Aus diesem Grunde sollte generell ein Landjahr für alle Jugendlichen eingeführt werden und zwar in bio-landwirtschaftlicher Manier. Ein Jahr Erzeugnisse anbauen und ernten sowie gleichzeitig Bio-Tierzucht betreiben. Alles, was eben ein landwirtschaftlicher Lehrling/Azubi durchmacht, nur eben in Schnelldurchgängen.

Dafür sollte die Politik die Weichen stellen.

Ein Erfolg wäre, wenn der Verbrauch an krankmachender Industrienahrung zurückginge und reduziert würde. Die Gesellschaft wäre insgesamt gesünder! Was wiederum der Allgemeinheit und der Wirtschaft selbst zugutekäme!

19 - 45 **A** [***Essay zu MA-Lehen (11/12 GSE)]*** *MA-Lehen sind* deshalb so wichtig, um die *Spekulationen* aus dem ewigen Kreislauf der inflationären Eigenschaften des Grund- und Boden-Eigentums zu entschleunigen! Und um das Grundbedürfnis Wohnen für alle erschwinglich zu erhalten, sodass die Belastung bei ca. die 30 % begrenzt werden muss. Das kann nur gelingen, wenn wir die Immobilien-Spekulation aus dem Grund und Boden herausnehmen.

Und genau das geschieht mit der Einführung des MA-Lehens!

19 - 45 **D** [***Essay zu LEG-AWA***] *LEG-AWA* ist für Staaten keine so homogene Masse, mit der es sich so leicht regieren lässt. LEG als Grundkonsens eines Homo sapiens ist jedoch die *Software als Betriebssystem*, mit der ein menschlicher Verstand mit Vernunft und MQ bestens funktionieren kann.

19 - 45 **C** [***Essay zu Migration, GSE*** (1)] Migrationspolitik. Man schafft tatsächlich US-amerikanische Nachkriegspolitik auf dem europäischen Kontinent, um den gesamten Kontinent zu destabilisieren. Mit GB ist der Anfang vom Ende des alten Europas vollzogen.

Für einen Neuanfang ist es deshalb höchste Zeit. Dazu bedarf es verschiedener Szenarien:

1) HauptKapitel stellen: Die Finanzpolitik vom internationalen Virus der Null-Zins-Politik abzukoppeln und einer vernünftigen sparerfreundlichen Zinspolitik zurück zu führen;.

2) Die Nationalstaatlichkeit wieder herzustellen, um ...

ein Europa der Nationalstaatlichkeit nicht auf Null zurückzufahren, sondern die Nationalität jedes einzelnen Mitglieds zu respektieren;

3) Dem Verfall der europäischen Mentalität Einhalt zu gebieten. Das wird nur mittels europäischer Grenzen und Beschränkung auf wirkliche Zugehörigkeit zum europäischen Kontinent möglich sein;

Wenn eine Gruppe, von Ländern oder Institutionen, von einer anderen Gruppe erwartet, dass ein Engagement, das heißt, Forderungen einer Übernahme der Bezahlung/Wiedergutmachung erhofft, ist deren Forderung einzustellen / zu eliminieren.

Ganz gleich, ob es sich um steuerfinanzierte Forderungen oder um privatwirtschaftliche Forderungen handelt.

Einer kommunistischen Gesellschaftsstruktur ist die totale Absage zu erteilen.

Demos werden auseinandergetrieben und nicht mehr genehmigt.

Auch im „demokratischen" Staat gilt es, Ordnungswidrigkeiten, auch bei Gruppen, zu *widersprechen.*

Es müssen *Maßnahmen* eingeführt werden, welche das unterbinden können.

Demjenigen, der wiederholt dagegen verstößt, werden Staatsbürgerrechte entzogen.

Wir bedürfen solcher „schwerwiegender Maßnahmen", weil ansonsten der Staat nicht mehr glaubwürdig erscheint. Somit sind wir gezwungen, derartige Maßnahmen zu erwägen und einzuleiten.

Keine Regierung hat die Macht, *Fehlverhalten* dermaßen zu eruieren. Wenn sie es dennoch tut, muss sie zur Rechenschaft gezogen zu werden.

FAZIT: Wir brauchen die Kollektivhaftung! Wenn ein Ministerium grob fahrlässig Verordnungen erlässt, muss man das ganze Ministerium in Frage stellen. Somit ist es gerechtfertigt, das ganze Ministerium in die Verantwortung zu zwingen!

Minister zu 60 %, übrige zu 40 % ihrer Bezüge / ihrer Gehälter, je nach Schwere, zeitlich begrenzt oder lebenslang einzufrieren/zu entziehen. Dabei erhalten Gegenstimmen keinen Abzug! Also keine geheime Zustimmungswahl! Wer dagegen gestimmt hat: Nicht, im Gegenteil, erhält eine Beförderung!

> Im Gegenzug muss dem Staatsbürger Wohnen, Essen, Kleiden garantiert werden. Das wird dadurch gesichert, dass – wenn der Bürger nicht gewillt ist, das selbst aufrecht zu erhalten – die Kleine Insolvenz {KLINZ}, greift. Dergestalt, dass ein Konto, eine Wohnung, Essen, Kleidung garantiert wird. Gelder, welche zur Grundsicherung herangezogen werden, werden durch KLINZ einbehalten!

Reicht diese Maßnahme nicht, hat das Sozialamt etc. einzuspringen.

Es ist menschenunwürdig, wenn Staatsbürger auf die Straße gezwungen werden. Im Gegenzug muss dem Bürger das Recht eingeräumt werden, den Staat in einer Sammelklage zu verklagen (kann durch Sozialgerichte gesichert werden). Der Bürger kann auf die Einhaltung seiner Bürgerrechte bestehen.

> *Dagegen ist der Staat zu verklagen, wenn er Gelder, Subventionen für nicht staatskonforme Einrichtungen, Bezuschussungen etc. verwendet.*

19 - 45 **A *Generation***. Was hier heran-„gezüchtet" wurde und wird ist die *„unregierbare" Generation*. Denn Kita-Kinder sind ja nicht erzogen. Was eine vollkommen *„unerzogene" Generation* zuwege bringt, ist unvereinbar mit *menschlicher Gestaltung des menschlichen Lebens*

– im wahrsten Sinne der Wortes. Sie sind als „Unmenschen“ jedenfalls ein Teil der gefühlskranken Brut.

FAZIT: Eltern sind für Kinder bis zum dritten vollendeten Lebensjahr seitens des Betriebs freizustellen. Wenn Eltern: hälftig oder ein Teil ganz!

Ein Kindererziehungsgeld ist in dieser Zeit betrieblich beziehungsweise staatlich zu leisten und zu garantieren.

Dafür haben Gewerkschaften, mit Sorge zu tragen.

Für KiTS – *erzieherische Verantwortung* ist ab dem vierten Lebensjahr Sorge zu tragen. Sind keine Erzieher vorhanden, müssen KiTS/Kita's geschlossen oder zusammengelegt werden.

Nur bei ausreichend ausgebildeten Erziehern ist die Weiterführung einer KiTS zu gestatten und möglich.

KiTS sind nicht entgeltfrei zu gestalten. Auch keine andere Bildungseinrichtung darf entgeltfrei ausgestattet sein. Ein minimaler Betrag muss immer für die Würde einer jeden Einrichtung garantiert sein.

Bei personalintensiven Einrichtungen, wie KiTS, ist ein mittlerer Betrag zu veranschlagen!

19 - 45 **A** [***Essay zu Gewerke GSE***] Für *Gewerke* ist/gilt es, ein Streikverbot im Grundgesetz zu verankern.

Wer „streikt“ hat dies auf eigene Kosten zu tragen, einschließlich der betrieblichen Kosten, welche durch den Streik entstehen. Im Übrigen ist jedes unsoziale Verhalten von jener Gruppe selbst zu tragen, welche ein solches Verhalten an den Tag legt.

Wer „sozial“ erwartet, muss auch unsozial mittragen!

19 - 45 **A** Eine ***Gesellschaft ohne Emotionen***. Die *Kita-Generation*, in der Kinder ohne Mutter-Kind-Beziehung aufwachsen bis zum vollendeten dritten Lebensjahr, ist davon bedroht und wird von ihren leiblichen Eltern entfremdet.

Familiäre Beziehungen werden immer schwieriger und ufern regelrecht aus zu Feindseligkeiten.

> *Ein hoher Preis der Armut/Gefühlsarmut* <

Was ist *eine Welt ohne Emotionen*? Kalt und entstellt, beraubt der *wertvollsten Gefühle.*

Auf die großen Kriege folgt der Kleinkrieg der menschlichen Herzen. Oh – arme Menschheit. – Weil Sie glauben, alles besser machen zu können.

19 - 46 **D** Die Welt, in der wir derzeit leben, ist die ***unfreieste Zeit***, die man sich vorstellen kann. Nicht mehr selbstbestimmt sein zu können, sondern dogmatisch gezwungen. Es gibt keine Inseln der Freiheit mehr. Sie sind von diesem Globus verschwunden. Sie sind versunken im tiefen Ozean. Nicht mal mehr optische Inseln des Lichts sind auszumachen.

> Was für eine grausame Zeit der Bevormundung und der geistigen Versklavung sondergleichen und sondermaßen. Arme, unbedarfte Menschheit, welche sich ihrem Zustand nicht einmal bewusst wird und ihn wahrnimmt. Sie leben alle in ihrem Wolkenkuckucksheim. Rachefeldzüge unglaublichen Ausmaßes beherrschen diese Welt. Eine Doktrin jagt die andere.

19 - 46 **C *Zwei Tyrannen*** auf einem Ast? Können wir nur hoffen, dass er bald abbricht...

Oder gibt es abermals Alliierte? Mein Computer hat den Geist aufgegeben, ein böses Omen? Keineswegs, es ist der Neuanfang. Hat Deutschland sich nicht ebenfalls selbst gerettet? Hilfe? Alles Ammenmärchen! Nur ein größeres Desaster naht...

Das europäische Bewusstsein ist in Gefahr!

> Slogan: Aufhören mit Rauchen? Denkste. Man weicht aus auf ein noch schlimmeres Gift > Elektronisches, Chemie!

So sieht es ebenfalls aus in geistiger Theologie, denn einige machen mit, kein Gegensteuern, wie damals. Ist das die Glück verheißende

Strategie?

19 - 46 **A** ***Neue Wende***? Nein. Dieses Mal ist die Situation eine völlig andere! Der Feind sitzt im Inneren!

Davonlaufen gilt und geht nicht!

> Denn dieses Mal sitzt der Feind im eigenen Kopf! Wird angeheizt durch die eigene Doktrin. Doch man will das nicht wahrhaben! Wie denn? Sich selber denunzieren geht nicht, wäre aber notwendig. Eine ausweglose Situation. Hilft nur, sich selber anzuzeigen. Wer soll's aber richten? Keiner da? Alles verseucht, verpestet... Hilft nur die Selbstreinigung, aber wie soll das gehen? Den Kopf waschen? Äußerlich schon, aber innerlich?

19 - 46 **C** ***BREXIT*** – Großmacht, der GroßBritische Suizid! Und der der nächsten Großmacht wird folgen.

19 - 46 **D** ***Wünsche*** sind zu akzeptieren, wenn sie humanitär und naturgemäß sind und, wenn möglich, zu erfüllen. Sind sie extrem, sind sie zu verurteilen und nicht zu akzeptieren.

Ist der Mensch auch ein bisschen älter und sogar ein bisschen weise, so hat er ein Recht darauf, akzeptiert zu werden.

Der Jugendwahn ist das Spiegelbild der Inhumanität der Erwachsenen, der Nicht-Umsetzbarkeit und der Nicht-Befolgung von menschenwürdigen Aspekten.

19 - 47 **A** In ***unserer Gesellschaft*** besteht ein defizitäres Manko auf allen Ebenen: kommunal-politisch, wirtschaftlich und gesellschaftlich.

> Man kann einfach nicht die Dinge laufen lassen wie sie laufen. Wenn die Allgemeinheit nicht mehr Engagement zeigt, haben wir das erklärte Ziel auf allen Ebenen einer gemeinde-politischen Gesellschaft an die Wand gefahren und es ist kein Ausweg in Sicht. Es sei denn, dass ein Bewusstsein dafür entstünde, dass es an breitem Engagement fehlt und es notwendig wäre, hier etwas nachzuholen.

19 - 47 **B** Ich habe das ***Buch*** aus einer *‚intakten‘ Welt* für eine intakte Welt geschrieben. Nichts anderes. Wo ich Vertrauen zu den Menschen, zu den Kommunen, zur Gesellschaft haben konnte.

> Das Blatt hat sich völlig gewendet. Das ist nicht mehr „meine" Welt, in der ich aufgewachsen bin, und in deren ‚geistiger‘ Umwelt alles ablief.

Meine Visionen bestätigen sich: ein trauriger Abgang der Menschlichen Qualität (MQ), wenn nicht gegengesteuert wird!

20 - 00 [***Zukunft – Meinungsfreiheit***]

Schlussbemerkung > Für ein ***ethisch-bewusstes Leben*** in einer parlamentarischen Republik. <

Mit menschlichen Umgangsformen, das heißt auch, Beschränkung auf das Wesentliche und dass sich in menschenwürdigen Formalitäten das Erstrebenswerte zu etablieren hat.

Grundbedürfnisse des Menschlichen sind zu garantieren. Und zwar in freiheitlicher, selbstbestimmter Art. Heißt auch, in quantitativer Selbstbeschränkung zu leben.

Literaturempfehlungen: Ariadne von Schirach, ZITAT: ‚Leben ist ein poetischer Act‘;

Wilhelm Schmid: „Philosophie der Lebenskunst" Buchtitel;

Siehe auch die TV – Reihe des SWR ‚teleakademie‘, mit ausgewählten Autoren.

Berufliches:

1937 - 1954 Erwachsen werden mit Landleben und Geflügel

1955 - 1960 Getreide-Müllerei, Meisterprüfung

1961 - 1969 Berufliche Suche als (Auto)-Fahrer, Fahrlehrerkurs

1961 bis 1979 An Volkshochschulen aktiv, Verwirklichungen menschlicher Grundbildung, musischer und sprachlicher Bildung

Als *Bildungsweg* > Grundschule, Berufsausbildung, VHS, *Volkshochschule* und TEAK, *Teleakademie* des SWR und auf 3sat, bis heute

1970 - 1979 Wasserbetriebe, kaufmännisch

1980 - 2000 Berufliche Herausforderungen jeglicher Art

2001 - heute Verwirklichung und Weiterbildung TEAK, Teleakademie, SWR-TV immer sonntags und 3sat sowie Sinnsuche des menschlichen Daseins

Eigenes Nachwort:

Seit Dante und Montaignes Essays ist kein derartiges Werk mehr verfasst wurden, welches die freie ideologische Idee als Welt-Maxime zugrunde legt.

Anmerkung:

Greifen Sie zum HuLecKs „Ein CHAMÄLEON"! Erfahren Sie, wie gelebtes Leben aussehen kann.

Aus der Geschichte lernen heißt, alle Lebenserfahrungen, das Wissen und alles, was Menschen vor ihrem Dasein zustande gebracht haben, in sich aufzunehmen, um es weiterzuführen, weiterzuentwickeln und letztlich mit Ihrem eigenem Können, Ihren Ideen weiter zu vervollständigen. Sie führen den Stab und sind ein Stab im Staffellauf der Menschheit. Seien Sie sich dessen immer bewusst und verurteilen Sie niemals das vorher Dagewesene und die vor Ihnen Lebenden. Ihr eigen Fleisch und Blut würden Sie damit vernichten. Es ist wie mit erworbenen Fertigkeiten, welche man nur schwer reproduzieren kann. Sie wären für immer verloren.

Ebenso wie unsere Ur- und Regenwälder nie wieder rückgebaut werden können, wenn sie einmal vernichtet worden sind. Deshalb kann es nur oberstes Gebot sein, sie zu erhalten und andere Wege zu suchen für die angeblichen Nutzanwendungen.

In zunehmendem Maße verliert sich das Erfahrungswissen zusammen mit unserer Geschichte. Ein Ereignis von *einmaliger, unheilvoller Konsequenz*!

Diverse Literatur zu Kapitel D aus „Ein Chamäleon“ im eigenen Buch: „Ein Sommerkalb“, soll demnächst ebenfalls im Romeon-Verlag erscheinen.